14歳の
WORLDLY WISDOM FOR 14 YEARS OLD
世渡り術

あなたの不安を解消する方法がここに書いてあります。

吉田尚記

河出書房新社

あなたの不安を解消する方法がここに書いてあります。

もくじ

メソッド 2

メソッド 4

はじめに

タイトル通り、この本のテーマは不安についてです。

なぜ〝不安〟なのか？　まずそこからお話しします。

出版社さんから「14歳《さい》に向けたシリーズで本を出しませんか？」と本書の話をいただいたときに、自分のことを思い返してみました。

14歳って子どもじゃない。自分としても、14歳のときと今で、考え方の基本に何にも差はない。14歳はなんなら取引先くらいのイメージです。子ども扱《あつか》いするなんてとんでもない、失礼のないような本にしなければならない、と思いました。

だったら、14歳くらいの頃から自分にとって最も切実で、しかも長く解決しなかった問題について書かなくてはいけない、と思いました。その問題は、〝不安〟です。

あらためて、どうですか？　不安。なんらかの不安、ありませんか？

〈受験が不安〉。もちろんありますよね。高校にしろ大学にしろ、これ誰《だれ》もが共感できる。

〈知らないうちに病気になるのが不安〉。そうですよね、生きている以上この可能性は、誰も否定できないですよね。

〈3時間目、体育で着《き》替《が》えなきゃいけないのにうっかり名前入りの恥《は》ずかしいパンツをはいてきてしまった〉。これは震《ふる》える。

　またこの不安というやつがやっかいなのが、人に話しても理解してもらえない場合があること。大人に相談しても、「そんなこと気にするな」とたったひと言で片付けられてしまったりしませんか？

「気にするな」と言われて、それがスッとできるなら、最初から不安になったりしないわ、と思ったりします。

　そうなんです。不安というのは、基本的に自分事で、他人にわかってもらいにくい。だから、ひとりで抱《かか》えて悶々《もんもん》とするしかなかったりします。

そして、おそらく一番大きいであろう不安は、「この不安がもっと続くかもしれない不安」じゃないでしょうか？

〈不安の原因がわからないから不安〉。そう、不安の原因、わからないですよね。だから解消するためのとっかかりがなかなかつかめない。〈気にしないようにしても気にしちゃう〉〈夢にまで見る〉。かつての私もまさにそうでした。今から二十数年前、学生の頃から就職して数年経つまでの私は、めちゃくちゃ不安な人間だったんです。

でも、今現在の私自身は、「楽しそうですね」と言われがちです。そして、実際に毎日めっちゃ楽しいです！

〈日本で一番楽しそうに見える〉。どうも、楽しそうなおじさんです。

〈不安をカモフラージュしてる？〉。あ、その視点、鋭《するど》い。でも、してないんですねー、これが。

さて、ぼくの中にもともとあった不安はどこに行ってしまったのでしょうか？

滝《たき》に打たれて修行しましたとか、どこかのタイミングで「えいやっ！」って大技でクリアしたわけでは決してないんです。ただひたすら地道に、自分の中の「不安の原因とは」ということを探り、ああでもない、こうでもないと、いろんなことを試行錯誤《しこうさくご》しながら、ちょっとずつ進んでいったら、今の「楽しそうおじさん」になったんですね。

じゃあ、その「楽しそうおじさん」はいかにして作られたのか、ということを書きましょう、というのが今回の本です。

そして、この本、不安からスタートして、実は最終的には私の専門ジャンルにつながっています。アナウンサーの専門ジャンル――「コミュニケーション」です。

不安の原因って、結局コミュニケーションですよね、というのがこの本の裏テーマ。

不安とは、相手に受け入れてもらえないかもしれないというコミュニケーションの不安のことです。さっきのパンツの例でいうと、「あいつ、あんなパンツはいてるダサイやつだから、仲良くするのやめようぜ」って言われるの、怖《こわ》いですよね？

ぼくが18歳の頃出会った「アドラー心理学」というものがあります。創始者のアルフレッド・アドラーは、こんなことを言っています。「悩《なや》みは、すべてが人間関係の悩みである」。人間関係の悩み＝コミュニケーションの悩みってことですね。

そこで最近よく言われるのが、〝コミュ力《りょく》〟です。微妙《びみょう》な言葉ですよね。チラッとさっき出しましたが、ぼくの職業はアナウンサーでして、本来であればコミュニケーションが得意でなければいけない立場にいます。

にもかかわらずもともとぼくはオタクだし、初対面の人と会うのはちょっと怖い、不器用な人間です。そんな人間が何の因果かアナウンサーになってしまった。アナウンサーの仕事って、言うなれば「これから初対面の人と大勢から監視《かんし》されている中で15分楽しく会話してください、ただし失礼のないように」と毎日言われるようなものです。仕事だから、できなかったら当然怒《おこ》られます。〈きつすぎる〉〈つらみｗｗｗ〉〈2分で胃《い》潰瘍《かいよう》になる〉。ですよね？

それが年間２００回訪れるんですよ。でも仕事だからやらなきゃいけない。

学生の頃、そしてアナウンサーになりたての頃のぼくは、嫌《いや》な言い方ですが、完全なる〝コミュ障《しょう》〟でした。そんな人間がアナウンサーとして、楽しく仕事ができるわけがないんです。現場に入るたびに滑《すべ》り続け、終わったら仕事がなくなったらどうしようと考える、まさに当時のぼくは不安の塊《かたまり》でした。

ただ、〝コミュ障〟って、よくよく考えると変な言葉だと思いませんか。

コミュニケーション障害の略とされていますが、最近では本来の医学的なコミュニケーション障害とは異なる意図で使われています。でも、ほかのジャンルを見てみると、単に苦手なこと＝障害とは使わないですよね。たとえば「水泳障害」とはいわない。「料理障害」なんていう言い方もしない。それは、どちらも練習しないとできないことだとみんなが思っているから。

それに対して、「歩行障害」という言い方はあり得ます。一般《いっぱん》的には歩くことって、身体機能に特に問題がなければ、練習しなくてもできるはずのことだと大多数の人がとらえているからです。

どうやらコミュニケーションって、練習しなくてもできることだと思われている。

ここに大きな間違いがあると、ぼくは考えています。

確かに、水泳も料理も、まれに練習しなくてもできる人はいます。コミュニケーションについてもそうで、テレビの芸人さんとか、コミュ力の鬼《おに》もいます。彼らを見ると「できて当たり前なはずのことが、俺《おれ》はできない。俺はコミュ障だわ」と思ってしまう。でも、水泳・料理と一緒《いっしょ》で、大多数の人は実はそうじゃない。コミュニケーションは、本来、練習しないとできないことだと思うんです。

だから、コミュニケーションが不安の原因だとするならば、練習しなければ不安には勝てない。逆を言うと、コミュニケーションを練習しさえすれば、不安には勝てるようになるのではないか、というのがこの本で言いたいことです。

今回特に気を付けたのが、「気の持ちようだから！」という精神論は徹底《てってい》的に排除《はいじょ》したこと。必ず、誰でもこういうふうにやればできる、と「やり方」を具体的に書きました。

まず、結論からお伝えします。

不安を解消するために、ぼくが本書で言いたいこととは。

①何事も具体的に
②いろんな人と話をしよう
③「to be」じゃなくて、「how to」「to do」で
④考えることをめんどくさがらない

これでもうわかったっていう話の早い人は、もうこの先を読まなくても大丈夫《だいじょうぶ》だと思

います。

いったいどういうこと?　と興味を持ってくれたなら、ぜひ一緒に考えていきませんか。

メソッド 1

「不安」の正体を明らかにしよう

WORLDLY WISDOM
FOR 14 YEARS OLD

不安はどこからわいてくる？

私の仕事はラジオパーソナリティですので、本もラジオ風にやらせてください。

この本では、まず各メソッドごとに「あるある」なお悩《なや》みを紹介《しょうかい》していきたいと思います。

まずはこんなお悩みから。

ラジオネーム・ショウコのコさん。

【お悩み①】

「小学校の頃《ころ》は誰《だれ》とでも仲良く話せていたけど、中学に入ると友だちとの付き合い方が難しくなってしまいました。話したことのない人と話すのが怖いし、話したとしてもぎこちなくなってしまうので、周りから『陰《いん》キャ』『コミュ障』とからかわれているような気がして仕方ありません。一生、この人見知りな性格が変わらなかったらどうしよう。陽キャのようになりたいとは思わないけど、あの明るさだけはちょっとうらやましいです。どうすればいいでしょうか？」


　ショウコのコさん、わかるわー。陽キャのようになりたいとは思わないけど、陰キャもイヤ。一応説明すると、陰キャ＝暗い性格の人、反対に陽キャ＝明るい性格の人、ですが、この分類、どうしても陽キャの方が陰キャよりも下のような気がして、陰キャだと思われていたら、不安ですよね。

「陰キャ」とからかわれていないか不安。一生人見知りのままだったらという不安。

　ここで、大人は「陰キャの一体何がダメなの？　気にするなよ！」なんて、よく言いますよね。「気にするな」って言われても、自然に「気になっちゃう」のであって、「気にしない」ってやらない行動を命令されても出来ないって！

　どうも、ほとんどの大人はその不安をいつの間にか忘れているらしい。ちゃんと説明してくれる人は、あんまりいない。

不安っていったいどこからわいてきたものなんでしょうか？

そもそも人間が感じている不安っていったいなんなんでしょうか？

ここで、私が考えてることをお伝えしましょう。いきなりですけど。たぶん、この世から不安がなくなったことはない。

不安って、社会の原動力なんじゃないでしょうか？

不安は社会の原動力

まず、人間が〝不安〟を感じるのはどんなときでしょうか？

「明日の日本史の中間テストまであと8時間しかないのに、まだ出題範囲《はんい》の半分しか終わってなくて不安」、「自分が参加していないグループＬＩＮＥが存在して、そこで陰口を言われてそうで不安」、「自分が立派な大人になれないかもしれないから不安」……うん、いろいろ思いつきますよね。

実はこれって、大人も同じなんです。

「老後に2000万円必要[*1]なのに、派遣《はけん》社員から抜《ぬ》け出せないから不安」、「家のローンがあと何十年もあるのに、健康診断《しんだん》で病気が発覚するかもしれないから不安」、「親が死ぬまで元気でいてくれるか不安」……どうでしょう？　大人も子どもも中身は違《ちが》えど、不安を感じていることには変わりありません。

でも、そもそもぼくたちの生活を取り巻く社会システムって、そんな誰かの不安を原動力にして発展してきている感じがしませんか？

たとえば農産業。いにしえの時代、人間はもともと狩りや採集でその日の食料を調達していましたが、毎回、そんな行き当たりばったりではちゃんと食べ物が手に入るかわからなくて不安だったから、農業や畜産《ちくさん》業が始まりました。さらに農業も効率的に行え

＊1　老後に2000万円必要｜金融庁金融審議会の報告書「高齢社会における資産形成・管理」(2019年)をもとに提案された金額。無職夫婦世帯(男性65歳以上、女性60歳以上)が約30年生きるとした場合、公的年金を中心とする収入に対し支出が上回るため、資産形成を始めることが推奨された。

ないと収穫量が不安だったから、便利な農耕具が次々に発明され、治水技術も発達していきました。

　通信技術もそうですよね。遠くにいる相手のことがわからなくて不安だから、狼煙《のろし》を上げることからスタートし、やがて郵便システムが確立され、電話が誕生し、現在のインターネット技術やスマホにつながっていきました。ちなみに電話は、直接交渉《こうしょう》はしたいけど、会って話をしたらお互《たが》いに殺されてしまうかもしれないから出来た、という説もありますし、インターネットも、軍用のコンピュータが一カ所に集まっていたら、そこが攻撃《こうげき》されたときに一撃でやられてしまうので、たくさんのコンピュータをネットワークでつないだところから生まれています。これも不安が原動力になっていますよね。

　もっと身近な例でみてみましょうか。たとえばＬＩＮＥに既読《きどく》機能ってありますよね。これがどういう経緯《けいい》で作られたかというと、大きな震災《しんさい》などで電話やメールといった通信環境にトラブルが起こって、相手がなんらかの事情で返信できなかったとしても、とりあえず「既読」がつけば、そのメッセージを相手が読んでいる、生きていることがわかるから、だそうです。既読機能によって、相手の生存確認ができるようになった。でも、今度は「既読スルー」問題という新たな不安が生まれてしまったわけなんですが……。

人類発展の歴史は、不安と付き合い続けてきた歴史です。

不安な気持ちが、発展の動機になっているんだから、不安を抱《いだ》いていても、何もおかしくない。

じゃあ、仕方ない。不安というのは人間は必ず持っているものなんだから、一生このモヤモヤした楽しくない気持ちと付き合うしかないのか――。ほとんどの普通《ふつう》の大人の結論は、そうです。

でも、「人間誰しも不安」という当たり前は、当たり前ではないんです。

この世には、不安とはまったく無縁《むえん》の人たちだっています。

ぼくが最近影響《えいきょう》を受けた本のひとつに、アマゾン川の支流に住む原住民族、ピダハン族について書かれた『ピダハン――「言語本能」を超《こ》える文化と世界観』（ダニエル・L・エヴェレット著、屋代通子訳／みすず書房）という本があります。この本によると、ピダハン族は、ぼくたちが常識だと思っているいくつかの概念《がいねん》を持っていないそうです。まず、数字や右・左の概念がない。空想の概念もないから、自分たちが見たもの以外については話さない。

中でもぼくにとってもっとも衝撃《しょうげき》的だったのが、彼《かれ》らの言語には「不安」という言葉がないことでした。言葉がないということは、不安という概念もない。

ピダハン族は不安にならないんです。

想像してみてください。アマゾンの奥地で暮らす彼らには、十分な医療もありません。病気や事故なんて日常茶飯事です。それでも彼らの社会には不安は存在せず、全員底抜《そこぬ》けに明るいんですって。

不安は、社会を動かす装置。それは間違《まちが》いありません。でも、不安にならなければぼくたちは生きていけないのかというと、どうやらそんなことはない。

人生は楽しいことが多い方がいい、とぼくは本気で思っていますが、どうですか？できればピダハン族のように、不安に追いかけられずに生きていきたいですよね。

では、どうすれば不安に追いかけられることなく生きていけるのでしょうか。

不安の先には、死しかない

まず明らかにしておきたいのが「不安」の正体です。先ほど、不安を感じるときのパターンを考えてもらいましたが、共通点があることに気づいたでしょうか。

「明日の日本史の中間テストまであと8時間しかないのに、まだ出題範囲の半分しか終わってなくて不安」、「自分が参加していないグループLINEが存在して、そこで陰口を言われてそうで不安」、「自分が立派な大人になれないかもしれないから不安」。

ヒント。時系列でいうと、いったいどのタイミングを見て不安を感じているのでしょうか？　過去？　現在？　未来？

そう、未来です。人間は「未来」のことを考えると不安になってしまうんですね。そして、人間以外の動物は〝不安〟という気持ちを持っていなそうです。うちの犬は不安が強すぎて夜も寝《ね》られてないぞ、なんて姿はあまり見たことがないですよね？　人間は、未来のことを予測する動物だから、不安になるらしい。

　では、なぜ未来のことを考えると不安になるのか。なぜなら未来はわからないから。どうやら「不安」は「わからない」とセットらしい。

　でも、それって本当に「わからない」のでしょうか？　うやむやにせず、いったん「わからない」の先の先のさらに先を考えてみたいと思います。

　たとえばあなたの不安のひとつに、「明日の日本史の中間テストまであと8時間しかないのに、まだ出題範囲の半分しか終わってなくて不安」があるとします。もし、出題範囲の勉強が結局終わらなかったらどうなるでしょうか？　テストの成績が悪くなる。成績が悪いとどうなるでしょうか？　偏差値《へんさち》のいい高校に進学できないかもしれない。偏差値のいい高校に進学できないとどうなるのでしょうか？　有名な大学に進学できないかもしれない。有名な大学に進学できないとどうなるのでしょうか？　給料がいい会社に就職ができないかもしれない。給料がいい会社に就職ができないとどうなるのでしょうか？　お金に困ってしまう。お金に困ってしまうとどうなるのでしょうか？　お金がないと住むところがなくなるし、食べ物にも困るし、難しい病気になっても治療《ちりょう》ができなくなってしまう。住むところがなく、病気になってしまうとどうなるのでしょうか？　死ぬ。

　もうひとつ考えてみましょう。「自分が参加していないグループＬＩＮＥが存在して、そこで陰口を言われてそうで不安」。

　もし、ＬＩＮＥで陰口を言われているとしたらどうなるでしょうか？　なんとなくクラスでこっちを向いて笑っている人たちが目につくようになる。だんだん学校がつらくなる。学校生活がうまくいかなくなって、学校へ行けなくなってしまう。学校へ行けなくなるとどうなるのでしょうか。進学が難しくなり、いい会社に就職ができなくなってしまう。おや、ここで先ほどの「テストでいい点がとれるか不安」とつながりましたね。

つまり、結果、死ぬ。

どんな不安も、想像しきると最終的に行き着くのは「死」なんですよね。

それがすべての不安の根本にある問題。みんな目の前のイマ・ココの問題について不安に感じているようでいて、どうやら実はその問題のずっとずっと先にある死の予感を嗅ぎとったところから、不安を感じている。

死ぬのは怖い。だから不安。

でも、ですよ？　よく考えてみてください。この世に死なない人間なんていませんよね？　不安を感じようが感じまいが、最後は誰もが結局死ぬんです。

逆にいうと、今何をしようが、どんな失敗をしようが、不運に見舞《みま》われようが、死ぬこと以上の悪い結果にはたどり着かない。

だとすると、現状、ぼくの結論としては「結局、死ぬだけか」なんですよ。

どれだけ不安な毎日を過ごしていても、現在のぼくのように不安とはまったく無縁の日々を過ごしていても、遅《おそ》かれ早かれ人間の命の火はいつか消えるわけです。死ぬことは悲しいことだけれど、人生の終幕は誰にでも訪れる。

だったらそのことにクヨクヨして不安を感じている時間なんて、もったいなくないですか？　「今」という瞬間《しゅんかん》が楽しくないなんて、つまらなくないでしょうか？

かくいうぼくだって、不安を感じていようがいまいが仕事で失敗してしまう可能性とは常に隣《とな》り合わせです。実際、これまでたくさんの失敗を重ねてきていますが、どれだけ失敗しても、せいぜい会社をクビになる程度です。アナウンサーができないんだったら、別のことを仕事にすればいいだけ。ぼくはもともとコンピュータ雑誌の編集者になりたかった人間だし、書くことも好きなので、そういう方面で執筆《しっぴつ》したりするのも楽しいだろうな、なんて思ったりします。

大きな失敗をしなかったとしても、病気にかかったり事故にあったりして仕事が続けられなくなってしまう可能性だってあります。このご時世、会社自体に何か起きないとも限りません。最終的に何もかもうまくいかず、結局死んでしまうかもしれない。でも、そんな何千通り、何万通りも存在する「もしも」を不安に感じて、人生が不安で埋めつくされて今がつまらなくなってしまう方が、ぼくはよっぽど嫌です。

不安だからみんな何かする。老後に2000万円必要だから、お金を貯《た》める。でも、不安で動くのって全然楽しくないし、それはなんだかとっても不健全な気がする。しかも、たとえひとつの不安が解消されても、この世に不安の種は山ほどある。次から次へとわき上がる不安に対応していかなければなりません。

これでは、不安に対応するだけで人生が終わってしまいます。

だから対症療法《たいしょうりょうほう》＊2じゃダメなんです。どうやら体質自体を変えないと、不安は克服《こくふく》できないようです。

では、不安を感じないようにするための体質改善方法とは？

ぼくは、その答えはコミュニケーションにあると考えています。

＊2　**対症療法**｜原因そのものではなく、起きている症状に働きかける治療法。

コミュニケーションからの完全な断絶が、死

先ほど、不安の行き着く先にあるものは「死」だけとしました。

その上でちょっと考えてみてほしいんですが、例に挙げたふたつの不安、端的にいうと「成績が悪ければ、死ぬ」「友達から仲間外れにされたら、死ぬ」って、確かに不安なことですが、なぜ「死」は不安なのでしょうか？

まだ「死」の前の段階で、考えなければいけないことがある気がします。

中学校時代ずっと成績が上がらなかった結果、偏差値の高い高校に入学できなくても、何も死ぬことはない。たとえば勉強以外の時間で友だちと動画を作ってYouTubeで配信してスキルを磨《みが》き、高校卒業後には動画編集会社に就職する。なんだか楽しそうですよね。

たとえば、将来会社をクビになってお金に困ってしまったとしても、誰かとシェアハ

ウスして一緒《いっしょ》に暮らしたり。これも楽しそうです。そこから何かが生まれそうな気もするし。

ここでは、自分以外の人間の存在が鍵《かぎ》になっています。誰かに頼《たよ》ることができたら、コミュニケーションがうまくいっていたら、何か失敗や不幸があったとしても「死」まで一直線にたどり着くことはないはずなんです。

お金持ちは銀座のクラブや六本木のバーで散財したりしています。私はあんまり興味ありませんけど。彼らがそこで何をしているかというとホステスやホストと会話したり誰かを口説いたりしている。つまりコミュニケーションです。結局どんなにお金があっても、有名だったとしても、人が最後に求めるのはコミュニケーションなんですね。

余談ですが、漫画『ONE PIECE』[*3]（尾田《おだ》栄一郎《えいいちろう》著／集英社）にこんなセリフがあります。

「人は　いつ死ぬと思う…？　心臓を銃《ピストル》で撃《う》ち抜《ぬ》かれた時…　…違《ちが》う　不治の病に冒《おか》

＊3　『ONE PIECE』｜1997年から『週刊少年ジャンプ』（集英社）で連載されている人気ファンタジー・バトル漫画。海賊王になることを夢見る少年が仲間とともに冒険を繰り広げる。Dr. ヒルルクは、主要キャラクターのひとり、船医チョッパーの育ての親として登場。

された時……違う　猛毒《もうどく》キノコのスープを飲んだ時……違う!!!　……人に忘れられた時さ……!!!」

（Dr．ヒルルク／『ONE PIECE』16巻より）

さきほど、「死ぬのが怖いから不安」って言いましたけど、「死」はなぜ怖いのかというと、すべての存在とのコミュニケーションの断絶を意味するからじゃないでしょうか？

人間が最後の最後、究極的に求めているのは、コミュニケーションです。それはどんなにお金持ちになろうが、貧乏《びんぼう》になろうが、健康だろうが、病気だろうが、どうやら変わらない。

逆にいうと、コミュニケーションさえとれれば、お金なんかなくても地球上のどこでも生きていける。コミュニケーションとは、究極のサバイバル術でもあるわけです。

先ほど挙げたピダハン族を見ても、彼らの社会に通貨はありませんが、コミュニケーションは存在します。

実際、コミュニケーションは大人の世界でもとても大事なものとして扱《あつか》われていますよね。

書店に行くと、店頭には、コミュニケーションに関連する書籍《しょせき》がたくさん並んでいます。タイトルを見てみると「コミュニケーションで金と人脈を引き出そう」なんて書かれていています。下品なタイトルだなあ、なんて思いながらも、コミュニケーションがいかに強い影響があるかということがわかる。

でも、コミュニケーションの目的とは、別にお金を稼《かせ》ぐためのものでも人脈をつくるためでもありません。

コミュニケーションの目的は、コミュニケーションそのものです。人に受け入れられたら、うれしい。人を受け入れようとしている人は、尊い。

コミュニケーション力を磨く目的は、あくまでコミュニケーションのため。なぜならぼくたちは最終的にコミュニケーションを目的として生きているからです。

不安＝死の恐怖《きょうふ》を消す根治《こんち》療法＊4は、コミュニケーション力を磨くこと。

コミュニケーション力、いわゆる世間で言われるところの〝コミュ力〟ってやつです。「コミュ力ゼロで、不安もゼロです」って人も、もしかしたらこの世のどこかにいるのかもしれませんが、少なくともぼくは見たことがありません。

そして、「はじめに」でもお伝えした通り、コミュ力は習い事と同じで、練習すればするだけ必ず上達します。コミュ力は磨ける。ただし、コミュ力は「よし！　コミュ力を上げるぞ」と決意して明日にでも爆上《ばくあ》がりするものではありません。その方法については次章メソッド2で具体的に説明していきます。でも目の前に差し迫《せま》った不安は次々とやってくる。どうすればいいのでしょうか？

そこで、根治療法、コミュ力を上げる練習と、対症療法、不安に食い殺されない努力を同時進行で進めていく必要が出てきます。

＊4　**根治療法**｜症状の原因そのものに働きかける治療法。

「不安」はまったく役に立たないもの？

一方で、不安な気持ちは害悪なだけか、というと、そうでもなかったりするようです。予防医学の研究者・石川善樹《いしかわよしき》＊5さんとの共著『どうすれば幸せになれるか科学的に考えてみた』（KADOKAWA）で、石川さんは「人は恐怖を感じると目先のリスクを過大評価しめちゃくちゃ厳密に考え始める」というお話をされていました。

不安だからこそ人間はあれこれ考えるし、不安だからこそ慎重《しんちょう》に行動する。そういうときって、気づき力がすごく高いんですって。クリエイティブなことを考えるときには、ポジティブな思考が向いていて、厳密に何かを考えるには、ネガティブな思考が向いているのだそうです。そして、研究者にとっては、その両方が必要。研究者＝冷静なイメージですが、実際はテンションが高かったり低かったり、ふり幅《はば》が大きい方がいろんな角度から対象を見られる。だから、石川さんはその両方にスイッチできるように訓練されたりもしているとか。研究者ならではの視点ですよね。

＊5　石川善樹｜医学博士。予防医学のほか、行動科学、計算創造学などを専門に研究を行う。吉田とは2017年に『どうすれば幸せになれるか科学的に考えてみた』を共著で上梓（じょうし）。

でも、ぼくは石川さんとは人生観が少し違っていて、実績とかはどうでもいい。ぼくのテーマは「一生、最後まで楽しかった人の勝ち」。

だから、やっぱり言い切っちゃいたいんですが、「不安なままなのは、もったいない」。

だからといって今感じている不安を、「不安なんて感じるな！」というのは暴論ですよね。ぼくが一番嫌いな精神論。今この本を読んでくださっている人が何かを不安に感じていることは紛《まぎ》れもない事実です。

ここは命令形じゃなく、実行できる対症療法を具体的にお伝えします。

不安への対症療法は、「これからどうするか」

不安な気持ちがわいてきたら、最初に何を思いますか？

冒頭《ぼうとう》で紹介した、「友人に陰キャとかからかわれているかもしれない不安」問題で考えてみたいと思います。もし自分がこの問題に直面したとしたら。

「陰キャとからかってくるアイツが本当にウザい」

「しょうがないじゃん、人と話すのが怖いんだから」

まずは、相手を非難したり、自分を悲観したりする気持ちがわいてきてしまいがちではないでしょうか。

でもこのふたつって、いくら掘《ほ》り下げてみても、ぶっちゃけ無意味。結局、何の問題解決にもなりません。


ここで、ちょっとぼくの好きなアドラー心理学の話をさせてください。

アドラー心理学とは、20世紀前半に活躍した心理学者アルフレッド・アドラー[*6]が創始した心理学の一派です。２０１３年に発売された『嫌われる勇気』（岸見一郎、古賀史健著／ダイヤモンド社）も、アドラー心理学について紹介された本でした。大ベストセラーとなった同書は、もしかしたら手にとったことがあるという人もいるかもしれませんね。

＊6　**アルフレッド・アドラー**｜1870年オーストリア生まれ。1937年没。ジークムント・フロイト、カール・グスタフ・ユングと並び、現代の心理学の礎（いしずえ）を築いた精神科医。「アドラー心理学」と呼ばれる個人心理学を創始した。

アドラー心理学の最大の特徴《とくちょう》は、人間が抱《かか》える悩みは、すべてが対人関係に終始しているとしたこと。さらに因果《いんが》論＊7を否定し、過去でも未来でもなく、イマ・ココからどう生きるかがすべてとするなど、他の心理学とは一線を画す考え方を提示しています。

「はじめに」でもお伝えした通り、ぼくはこのアドラー心理学に大きな影響を受けています。最初の出会いは、18歳《さい》のときに読んだ『アドラー心理学　トーキングセミナー——性格はいつでも変えられる』（野《の》田《だ》俊作《しゅんさく》　著／星雲社）。この本にものすごい衝撃《しょうげき》を受けてしまいました。あまりにも入り過ぎて、今では自分のこの考え方がアドラーに影響されたものなのか、自分発なのか、その境界があいまいになってしまっている部分すらあるくらい。

アドラー心理学について、この本ではこの後も何度も触《ふ》れさせていただきますが、ここではそのひとつ、グループセラピーでの試みを紹介したいと思います。

あるグループ内で何かトラブルが起こったとしましょう。その関係者たちは、自分たちがどんな目にあったか、誰が悪いかを口々に言い合っています。場は険悪な雰囲《ふんい》気《き》で

＊7　**因果論**｜ふたつの出来事を、一方を原因、一方を結果として結び付ける考え方。心理学では主に、現在の苦しみの原因を過去の出来事（いわゆるトラウマ）に求めようとする方法論。

す。トラブルが起きたとき、人間の話すことはすべて「悪いあの人」「かわいそうな私」「これからどうするか」に分類できます。何もしないと、「悪いあの人」「かわいそうな私」という発言が、9割を占《し》めてしまうそうです。そういう言い合い、よくありますよね。

今度はその当事者たちを集めて、輪になって座ってもらい、一人ひとりに三角柱を渡《わた》します。

3つの側面にはそれぞれ「悪いあの人」「かわいそうな私」「これからどうするか」と発言のテーマが書かれています。

司会者は、集まった人々に、「発言する際は、その3つの側面のいずれかをみんなに見せ、自分が今からどの趣旨《しゅし》で話すかを明示するように」と指示します。するとどうなるでしょうか……。

直前まであれほど被《ひ》害《がい》を訴《うった》え、誰かを悪しざまにののしっていた人たちが、いざ三角柱を渡されてみたら、発言する際に示すのはみんな一様に「これからどうするか」。それ以降、全員から建設的な意見しか出なかった、のだそうです。

もう、この実験大好き！　とってもエレガントで、でもちょっとだけ意地悪で最高！　状況《じょうきょう》を客観的に見ると、この3つのテーマの中で建設的なのは「これからどうするか」しかないとわかる。「悪いあの人」「かわいそうな私」についてしゃべったところで、何も解決しないってことを、みんな頭では理解できているんですよね。

でも、思考を野放しにしていると、口から自然に出てくるのは、自分がいかにかわいそうか、悪いのは誰かということばかりになってしまいます。

普《ふ》段《だん》、悪口を言っている人というのは、いかに思考放棄《ほうき》してしまっているのかがよくわかるエピソードではないでしょうか。

この例を、今回の問題にも当てはめてみたいと思います。

「友だちから、陰キャとからかわれていないか不安」。

感情はいったん置いておくとして、ここで選ぶべきテーマはどれか。もうわかると思います。

「悪いあの人」の悪口を言っても、「かわいそうな私」を悲観しても、事態はまったく変わりません。建設的なのは、「これからどうするか」だけ。

これからどうするか。それこそが、わいてきた不安に立ち向かうための対症療法です。

とりあえず、具体的にやってみる

では、「これからどうするか」の中身について考えてみたいと思います。その方法とは、ぼくは具体的に2種類あると思っています。

①真正面から不安の原因と向き合い、問題を解決していく。

②不安の原因になったこととは別のことに夢中になる。

まずは、対処法の①から。

ぼくがかつてコミュニケーションの不安を克服できたのは、まさにこれ。アナウンサーという仕事柄《がら》、不安の原因だったコミュニケーションと真正面から向き合わざるをえない状況でした。トライして、失敗してを繰《く》り返すなかで、ある日、ふとしたときに「あ、オレ大丈夫かも」と思えた瞬間がやってきたんです。

今回の例、「陰キャとからかわれていないか不安」は、実際にからかわれてたわけではなく、からかわれているかもしれないから不安なわけですよね。だったら、まずは実際のところを確認してみるというのはどうでしょうか。本当に「陰キャ」だと思われているでしょうか？　それ、調べてみましたか？

では、具体的な行動にしてみましょう。「友だちに直球で自分の印象を聞いてみる」。どうですか？「そんなの無理！」という声が聞こえてきそうですが、いったん感情は置いておく。ひとりだけだとサンプル数が少ないので、何人かに答えてもらうといいかもしれません。部活の先輩《せんぱい》や後輩など、ターゲットを広げると、さらに客観性も高まるはずです。

え？　そこでもし「陰キャだって言われたらどうする？」って？　それは次の問題です。

陰キャと言われたくないのであれば、「髪型《かみがた》を変えたり、身だしなみを整える」「自分から積極的に人に話しかける」「話しかけられたときに明るい声で反応する」「世間受けのいい趣味《しゅみ》に参加してみる」などなど、やれることはたくさんあります。

もっとも、決して陰キャがよくないと言っているわけではありません。あなたを悩ませる不安がそれであるならば、あくまで不安を取り除くための具体的な対処法としての提案です。

ここでNGなのが、ただ単に「陽キャになりたい」と「to be」で考えてしまうこと。なりたい、そういう地位を占めたい、というのは、自分で決められることじゃないんです。周囲が決めること。そうではなく、「陽キャの人は何をやっているんだろう?」と「how to」で具体的に考えてみる。

ほかにも「成績が悪くて不安」なら、成績が上がるように勉強すればいいし、「部活で勝てるか不安」だったら、さらに練習を積んで、勝つ確率を上げればいい。

不安を根本から解決するには、結局、正面突破《とっぱ》するのが一番の解決方法だと思います。

ただ、やってみたからと言って、結果は保証できないです。残酷《ざんこく》な言い方ですいません。

しかし、切実にやってみたいことで、結果が保証されていないことに挑戦《ちょうせん》している間は、うまくいく・いかないにかかわらず、かならず夢中になっているはずです。夢中になっている瞬間は、むしろ不安になれません。正面突破を目指せば、必ず夢中になれますが、いろんな状況のせいでそれを目指せないこともあると思います。

そんなときにおすすめしたいのが、対処法の②「不安の原因になったこととは別のことに夢中になる」です。

陰キャとかからかわれるのは嫌かもしれませんが、そう判断するのは先方の勝手。人の考えを無理矢理変えさせるのは、ほとんど不可能です。相手の考えが自分にとって都合が悪い、という不安に正面から取り組むことに意味がないと気づいたら、不安の原因とは距離《きょり》を置いて、別のことに夢中になってしまえばいいんです。

陰キャとからかわれている問題に対するぼくのおすすめはこっちですね。
クラスで陰キャと言われていようが、そんな状況が気にならないほど、趣味や部活などはもちろん、他人から見たら心底くだらないことでも、やりたいことに没頭《ぼっとう》する。夢中になってやりたいことをやっている時間ほど、すべてを忘れさせてくれることはありません。その貴重な時間を割いてまで、嫌な人たちと付き合ったり、そのことについて悩んで振《ふ》り回されるなんてもったいなさすぎると思いませんか？

ぼくも高校時代、受験勉強もろくにせずに、ひたすら神保町へ入り浸《びた》って、本や漫画《まんが》を読み漁っていた時期がありました。おかげで大学受験は1浪《ろう》しましたが、その経験が、今超《ちょう》生きてます。というより、どう考えてもそのとき学んでいた学校や塾《じゅく》の勉強よりも、アニメ雑誌を読んだり、アニメ映画の公開日に朝から映画館に並んでいたことの方が、今の仕事にとっては重要でした。ただそのときは、将来役に立つとか立たないとか関係なしに、自分をなくしてしまうくらい〝没頭〟していただけです。

もうひとつ例を引きたいと思います。

これは軽々しく扱ってはいけない話になりますが、２０１１年の東日本大震災の直後、福島県・いわき市の避《ひ》難《なん》所を訪れたことがありました。

大きな体育館に避難されている方の大多数がお年寄りだったんですが、何らかの事情があったんでしょう、ひとりだけ、若者がいました。多分10代の男子です。彼は、仕切りもない廊《ろうか》下に敷《し》かれた布団の上にあぐらをかいて、頭も上げずにゲームの『モンスターハンター』を一心不乱にプレイしていました。

こんな状況でゲームなんて、という方もいると思います。でも、ぼくは、彼には『モンハン』があって本当に良かった、と、この光景を見て涙《なみだ》が出そうでした。起こってしまった災害。これはもう、どうしようもない。正面から立ち向かってなんとかすることなんて無理なんです。どこかで、彼が動けるようになるタイミングは来るのでしょうが、それまでの間、目の前の状況を正面から受け止めて、まともな精神状態でいられるとは思えない。そんなときに、夢中にさせてくれるゲームがあったこと、それが、彼にとってどれだけ意味があったか。コンテンツが人を救う瞬間を見た思いでした。あのときに、彼に必要だったのは、「がんばれ」と声をかけたりすることでは決してない。夢中になれるものを、差し出すべきです。

そして、それは決して他人事ではないんですよね。ぼくたちにだってこの先の人生の中で、自力ではどうしようもない事態に直面する可能性は十分にある。

そんなときに、正面切って問題解決にあたるだけが対処法だけじゃないと知っておくことはいつか有用になるときがあるかもしれないし、他人がつらいときに何をすべきか、ひとつのヒントになると思います。

具体化って超大事

ひとつ目の方法もふたつ目の方法も、大事なのは、〝やるべきことを具体化して行動する〟こと。

人間って、やるべきことが「具体的」であればあるほど、余計なことを考えて立ち止まる必要なく、スムーズに行動できます。

何かやろうとするとき、あれこれ迷ったり考えたりする余地が出てしまうと、人はなかなか行動に移れません。

ちょっと遠回りかもしれませんが、具体化がいかに大事かわかるエピソードをひとつお話ししたいと思います。

以前、ある人気お笑いトリオがパーソナリティを務めるラジオ番組の生放送中に目撃《もくげき》したことです。本番中、ちょっとしたトラブルが起きて、パーソナリティが急遽《きゅうきょ》その場をアドリブでつながなければならなくなってしまいました。ブースの外にいるディレクターも焦《あせ》った様子。ヘッドホンから「なんとかしてつないでください」と指示を送ります。パーソナリティは、一瞬《いっしゅん》「え？」という顔をしながらも、そこはプロですから、とっさのトークでつないで事なきを得ました。

でも、実はこのときのディレクターの指示って、パーソナリティにとっては非常に不親切なものです。「なんとかしてつないでください」って、全然具体的じゃないから。どんなに優れたパーソナリティだったとしても、どうしても「え？　つないでって、どうやって?」となるし、「3分なの? 1時間なの?」などとも考えなければいけなくなってしまう。不安ですよね。

そうならないために必要なのが、〝具体化〟です。

ディレクターからの指示が、「なんとかしてつないで」ではなく、「今、自分が手に持っているものを説明して」だったらどうでしょうか。パーソナリティは、「ところで今、オレが手にもってるボールペン、一見普通に見えるけど、ちょっと機能が違うんだよね。この上のボタンを押《お》すと……」なんて説明しているうちに進行上稼ぎたかった時間は過ぎ、結果的に「つなぐ」ことができ、番組をトラブル無く進めることが出来ます。

不安を正体不明のままにしておいても、いつまでたっても消えてくれません。それに対処する方法は〝具体化〟すること。

具体的に不安の原因を分解して、一つひとつ解決していくのが正面突破する「ひとつ目の方法」。それはそれとしていったん置いておいて、とりあえず今自分がやりたいことを具体的に見つけて、行動に移すのが「ふたつ目の方法」です。

具体化、超大事。

逆に不安を増幅《ぞうふく》させてしまうのは、「何もしないこと」です。

私の話ですが、当時アナウンサーというのは就職の内定が出るのがめちゃくちゃ早く、大学3年生のうちにもう、就職が決まっていました。しかし、社会人としてアナウンサーとして自分がやっていける自信はまったくない。その不安を早くなんとかさせて欲しかったけど、まだ仕事の現場に行かせてもらえるわけでもない（今から考えると、そうしてもよかったと思うのですが）。何もしないで「どうしよう」と暗くなっているだけで、何をしたら将来のためになるのかまったくわからず、何をしても身が入らず、不安で不安でしょうがない、人生最大のウツ期でした。なんでもいい。それが合っているかわからないとしても、具体的に行動すれば、不安はいつの間にか影《かげ》を潜《ひそ》めるはずだったんです。

〝不安〟が顔を出し始めたら、とりあえずやってみる。

「なんか大丈夫」感＝セルフエスティーム

直球で問題解決にあたろうが、別のことに没頭しようが、「とりあえずやってみる」というのは、個々の問題の対処法として有効なだけではありません。その積み重ねこそ、不安を感じる自分自身の根本治療となる、とぼくは考えています。

どういうことでしょうか？

ここで、自信とは、という話。あなたは、自分に自信がありますか？

はっきり「ある」と言える人は、この本を手に取っていないかもしれませんね。

自信には、

①プライド

②セルフエスティーム

という2種類があります。

①のプライドとは、社会と結びついていて、周囲との比較《ひかく》でつくり出される自信です。たとえば、「自分は有名人と知り合いだ」や「偏差値の高い学校に通っている」といった、あくまでもある社会の中で自分が高い位置を占めていることに安心して成り立つ価値観ですね（もし世界が滅亡《めつぼう》してひとりだけ生き残ったとしても全く役に立たない自信、とでも言っておきましょうか）。

対する②のセルフエスティームとは、そのまま日本語にすると「自尊感情」。社会とは切り離《はな》しても、自分自身を信頼《しんらい》できる自信です。ただ、自尊感情というとなんかかっこ良すぎるので、ここでは「よくわからないけど、自分は大丈夫」という謎《なぞ》の安心感としましょう。

あなたの周りに、本当の意味でみんなに好かれている、特に何かに詳《くわ》しいわけじゃなかったり、成績がパッとしなかったりしたとしても、やけに毎日楽しそうに過ごしている人っていませんか？　変に構えないから話しかけやすいし、周りからも愛されていたりする。要するに、感じがいい人たちですね。

そういう感じがいい人は、総じてセルフエスティームが高くて、プライドが低い傾向《けいこう》にあります。自分自身をしっかり保っているから、誰かと比べて誰かをおとしめることもないし、自分も卑屈《ひくつ》になったりすることはありません。

一方、「プライドが高くて、セルフエスティームが低い」人は、周りも接しづらい。いい学校に行っているから、家がお金持ちだから、イケてる誰それと友だちだからといばっている人は、セルフエスティームが低いから、周囲と比較してプライドを毎回確認しなくてはいけない。感じ悪いですよね。

また、「プライドも、セルフエスティームも低い」人は、自信のよりどころがないから本人が非常に生きづらくなってしまっている状態です。これもつらい。

そして、「プライドも、セルフエスティームも高い」人は、相当頑張《がんば》ってる人じゃないでしょうか。ある意味一番理想的ですけど、プライドは社会的な地位と関係するので、そこは、目指しても得られないかもしれない。運の要素もあります。

あなたの人生の生きやすさの鍵を握《にぎ》っているともいえるのが、セルフエスティームです。セルフエスティームさえ上げれば、人生イージーモードも不可能じゃない。

では、どうしたら、セルフエスティームを高めていけるのか。

セルフエスティームとは、何でもいいから「とりあえずやってみる」ことの繰り返しで高まっていきます。たとえば、バンジージャンプ。もともとは南洋の部族の成人の儀《ぎ》式《しき》だったわけですが、成人の儀式に選ばれるのももっともです。想像してみてください。不安に打ち克《か》って、数十メートル下に飛び降りる。で、死ななかったとき、どんな気持ちになるでしょうか。私、何度かやったことがありますが、やる前は最悪に不安で、終わった後は悩みとはまったく無縁の、晴れやかな気持ちになります。これが、セルフエスティームです。

とりあえずやってみる。でも結果はどうなるかわからない。そう、不安です。

ただ、いったん不安は無視して、チャレンジする。「不安を無視する力」が「勇気」

です。その結果、仮にうまくいかなかったとしても「よっしゃ！　死んでないから大丈夫！　次いこう！」と切り替《か》える。不安に立ち向かい続けると、いつの間にか不安を感じる気持ち自体が弱くなって、不安に食い殺されることがなくなります。

芸能の世界にはプライドだけが高くていつも不安にさいなまれている人もいれば、セルフエスティームが高くて落ち着いているタイプの人もいます。長く活躍《かつやく》する人には、後者が多いです。ぼくが見て来た例でいうと、女優で声優の黒沢《くろさわ》ともよ*8さんもそんなタイプ。とてつもなく感じがいい方です。

彼女がすごいと思ったのは、演技の疑問を人に質問したことがある、という話を聞いていたときのこと。「電話をかけたら教えてくれて」とごく当たり前に話をしてくれたのですが、それって誰だったの？　って聞いたら、「吉田鋼太郎《よしだこうたろう》さん*9」。びっくりします。めちゃくちゃ年上の大御所《おおごしょ》俳優に自分から電話をかけて質問するって、なかなかできることじゃないですよね。でも、本人は「『わからないことがあったら聞きにきなよ』って言ってたし」、とケロッとしている。

＊8　黒沢ともよ｜1996年、埼玉県出身。女優、声優、歌手として活躍。幼少期から演技を勉強し、2000年、NHK大河ドラマ『葵（あおい）徳川三代』に出演。2010年劇場アニメ『宇宙ショーへようこそ』で声優デビュー。代表作に『響け！　ユーフォニアム』シリーズの黄前久美子役など。

＊9　吉田鋼太郎｜1959年、東京都出身。俳優。『おっさんずラブ』をはじめ、テレビドラマ、映画などで活躍するほか、劇団四季、シェイクスピア・シアターなどへの在籍経験も持つ本格舞台俳優。自身も舞台演出を手掛け2016年から『彩の国シェイクスピア・シリーズ』2代目芸術監督に就任。

ああ、私はセルフエスティームが低いな、セルフエスティームの高い、人気者になりたいな、と思いますよね。でもそれは、「to be」の考え方です。セルフエスティームが生まれながらに高い人もいますが、願っていても魔法《まほう》のように、突然《とつぜん》に別人になることはできません。そのためには、彼ら彼女らが何をどうやっているのか、「how to」で考えること。何をやるべきかが具体的に見えてきます。

その「how to」を実行に移す回数が多ければ多いほど、セルフエスティームは高まります。

考えるよりも、行動しよう

ぼくは、不安を退治するために必要なのは、朝起きて、「行ってきます！」と飛び出していって、無事に死なずに帰ってきて、「ただいま！」と、元気よくごはんをモリモリ食べることだけだと思います。それでＯＫ！

一見バカっぽいですが、バカに思われたくない、という願望は、実行していない、プライドだけが高い人が持つものですね。

「人間にとって考える行為《こうい》は性格を保持するためのもの。性格を変えるためには行動するしかない」

これは、アドラー心理学の考え方です。

性格は変えることができる。でも、どうやらそれは考えることによってではない。

前述の野田俊作先生の『アドラー心理学　トーキングセミナー――性格はいつでも変えられる』のエピソードから、その例をひとつお話ししましょう。心理学の療法のひとつに、みんなでダンスを行うダンス・セラピーというものがあるそうです。

ただし先生は生徒たちに「ダンスしてください」とお願いだけして、するかしないかは本人まかせ。

あるとき、どうしても踊《おど》らない女性がいて、セラピーの先生に「ダンスをしないのは私の自由ですよね？」という風に聞いてきました。先生は「ダンスをしないのは自由です」と繰《く》り返すだけです。先生は決してダンスをしなさい！　なんて強制しないし、ダンスをしなくていいですよ、とも言いません。ダンスをしようがしまいが、その選択権は彼女にあるからです。

　なかなか踊らない女性。しかし、セラピーも3日目に入って、ついに彼女は踊ったのだそうです。そして、最後にはあれほど抵抗した先生の元へやってきて、「ダンスができてすごくよかった」と感動して泣いてしまう、というエピソードです。

頑《かたく》なに拒《こば》んでいたのに、実際に踊ってみたら「よかった」と言ってしまう。行動によって彼女の性格は変わってしまったわけです。仮に行動せずにずっと考えていても何も変わりません。

　アドラー心理学では「考えること」は自己正当化だといいます。つまり、人は「自分はこのままでいい」と認識するために考える。性格を変えないという決断を常にし続けているってことですね。だから、性格は変わらないままです。

たとえば「ピアノが上手くなりたい、でも……」と考えていればいつの間にか上達するでしょうか？　するわけがないですよね。練習するしかないんです。

勇気を出して行動することこそ、性格を変える唯一《ゆいいつ》の手段、というのがアドラーの考え方です。やるかやらないかはもちろん自由ですが、変わりたいと思ったら、とにかくやるだけ。実際にピアノがうまくなるかどうかは運次第ですが、セルフエスティームは高まりますよ。

人生で一番役に立たないプライドの話

セルフエスティームがいかに重要かという話をしました。今度はもうひとつの自信、プライドについて、少し角度を変えて考えてみたいと思います。

タイにチュラロンコン大学[*10]という、日本でいう東大のような有名大学があります。実はアジアの最難関大学といっても過言ではないほどのレベルの高い大学です。

でも、たとえば日本で「俺、チュラロンコン大学出てるんだよね」とドヤったとして

＊10　チュラロンコン大学｜タイで高等教育を受けられる初の学校として、1971年、バンコクに設立された大学。「タイの東大」とも言われるほどの難関。

も、「は？」ってリアクションされることが多いんじゃないでしょうか。言葉の響《ひび》きがちょっとおもしろいし。実際は超難関大学だったとしても、そのことを知らない人には意味がない。

逆にタイに行って、「俺、東大出てるんだよね」って道行く中学生に得意顔で自慢《じまん》したとしても、きっと「は？」ってリアクションしか返ってこないでしょう。

プライドなんて相手や場所が変われば、まったく意味がない。周りから認められないと自分を認められないなんて虚《むな》しいですよね。プライドなんて何の役にも立たない！

感じの悪い人は、セルフエスティームが低く、このプライドが高い状態といえると思います。潜水艦《せんすいかん》がソナー[*11]を打たないと、今自分たちがどこにいるのかわからないのと一緒で、誰かより優位に立っていることをまわりからの反応で確認できないと、じりじり不安になってしまう。わざわざそういうことをするということは、自分自身と一対一で向き合った内心は不安だってことです。彼らは人をバカにしていても、常にどこか不安か、不満がある。

*11　**ソナー**｜水中で音波を伝播（でんぱ）させ、物体を探知する装置。自ら音波を放ち対象を探るアクティブ・ソナーと、対象の音波を捉えるパッシブ・ソナーがある。潜水艦をはじめ、漁業などでも活用されている。

行動を「〇〇になりたい」という目標で考えると、この状態になってしまいやすい。「to be」は地位を占めようとすること。他人に認めてもらえないと行けない場所に立とうとするのはプライドを満たそうとする行為です。その結果、「自分は学校のイケてるグループの一員だから大丈夫」という心理状態になったら、これはもう完全無欠の感じの悪いプライド人間です。

クラス全員のセルフエスティームが高ければ、いじめなんて起きっこない。セルフエスティームが高い＝他人と自分を比較する必要がない。いじめは比較してプライドを満たそうとする行動の最悪の形です。

とにかくそれぞれが自分のやりたいことに邁進している状態。自分はこれがやりたい！　どうすればもっとうまくできるようになるんだろう？　ってことをとことん追求していれば、毎日めちゃくちゃ忙しくて、楽しいですよね。

この章では、「陰キャとからかわれていないか不安」という相談を出発点にしましたが、章の最後に言ってしまえば、そんなことを言ってくる人たちとは付き合う必要はないとぼくは思います。

勝手にレッテルを貼って、からかってくる人がいたら、「あいつ、暇なんだな」って思えばいい。夢中になれるものがない悲しい人にすぎません。

そんな人に何を言われようとも、気にしなくて大丈夫。人生は有限です。くだらない人の相手をするよりも、自分のやりたいこと、興味が持てることに集中して、セルフエスティームをどんどん上げていきましょう！

手っ取り早くセルフエスティームを上げるには

不安を感じたら、具体的に対処する。次の不安がわいてきたら、また具体的に対処する。するといつの間にかセルフエスティームが上がって、そもそも不安自体をあまり感じなくなる。

これが、ぼくがこれまで考えてきた不安を退治するための正攻法《せいこうほう》です。

ただ、不安がある人は、ある意味で幸運です。不安を出発点にして行動することができるからです。

実は、不安を感じているというのは、最高の没頭を手に入れるために、ラッキーな状態なんです。人間、自分が価値があると思っているものに対してしか、不安を感じませんから、自分が価値を感じるものがわかった、ということ。勉強ができなくて不安、という人は勉強に価値を感じています。勉強がどうでもいいと思っていたら、いくら勉強ができなくても不安にならないはずです。あとは、勇気を出すだけです。

一方で、「退屈《たいくつ》だけど、不安は感じていないよ」という人がいたとすると、それはおそらく、本当に価値を感じるものを自分から求めに行っていないのです。

退屈を甘《あま》んじて受ける多くの大人は、受け身のままです。ただそれでは、セルフエスティームは高まっていかない。

そこで受け身ではなく、積極的にセルフエスティームを上げる方法としておすすめしたいのが、「知らない人に自分から話しかける」ことです。話しかける＝コミュニケーション。ここでコミュニケーションの話に戻《もど》ってきましたね。

しかも相手は知らない人。めちゃめちゃハードル高くないでしょうか？　知らない人に話しかけると、予想外の答えや反応が返ってくる。どうしたらいいんだろう。そう、不安がわいてきます。知らない人たちが、未知の価値あることを知っている、と思うから不安。知らない人たちへの敬意があるからこそ、不安なんです。

手っ取り早く不安を作り上げて、それに対処する機会を自ら作る、というのが、このミッションの意義です。

知らない人に話しかけるだけなので、いつでも、どこでも挑戦できる。仮にうまくいかなくても、知らない人だから、これまでの日常生活にはノーダメージ。その経験は、会話をする能力につながります。そのときセルフエスティームも勝手に上がる。不安が消えていく。これ以上うってつけのことはありません。

先日、うちの娘《むすめ》のパソコンのＡＣアダプターが壊《こわ》れてしまったことがありました。

本人がどうすればいいかわからないようだったので、「メーカーのカスタマーサポートに電話すれば何か教えてくれるよ」とヒントを出してみたんですね。でも、しばらくは何もしない。カスタマーサポート、つまり知らない大人に電話をするなんて、そりゃあ不安ですよね。ちなみにほとんどの人が個人用の携帯《けいたい》を持っている今、オフィスに電話したことがない、なんて人がいても、不思議はありません。

なんて言うべきなのか、相手に怒られたらどうしよう、とか、いろいろ悩んでいる様子がみてとれました。

「あ、こりゃやらないかな」「ちょっとハードル高かったかな」と思ったんですが、2～3日したら電話をかけている。「あの～、すみません……」って。意外に行動力があるな、と思っていたら、ちゃんとやり取りしていて、ＡＣアダプターを無償交換《むしょうこうかん》してもらっていました。「どうだった？」と聞いてみたら、「おもしろいおじさんと話しちゃった」とケロッとしています。

やってみたら何てことはないんです。

事前に相手を想像することは大切だけど、相手がどう出るのかは想像力だけでは限界があります。完全に事前に想定するなんてことは不可能なので、やる、と決めて電話をかけだしてしまえば、もう対処するしかなくなる。

案ずるより、産むが易《やす》しです。

この状況を、自発的に生み出してみましょうか。

ひとりで服を買いにファッションビルへ行ってみる。これはどうでしょうか？

なんでファッションビルかというと、これはぼく自身が十代のとき、めちゃくちゃ苦手なシチュエーションだったからです。洋服のことはさっぱりわからないし、そもそも「服を買いに行く服がない」、オシャレな場所に場違いな格好で行って、バカにされたらどうしよう、と不安で仕方がない。店員さんに何をどう聞けばいいかもわからない。

今だったら、そこで、あえて店員さんに話しかけてみます。なんでもいいんです。

「すみません、今の季節って、何かおすすめってありますか？」

「今日、予算これだけなんですけど、見繕《みつくろ》ってもらえませんか？」

「いい感じの服をお願いします！」

これでもう合格。今思えば簡単なことなのですが、当時のぼくはこういう第一声すらままなりませんでした。

あとは、そりゃ、手頃な似合う服を手に入れられれば、それに越したことはないですけど、それは二の次。思い切って声をかけたあとにどんなに大恥《おおはじ》をかこうが、まったく好みじゃない変な服を買わされようが、全然気にする必要なし。死なずに家に帰ってごはんが食べられたら、それでいいんです。

どうです？　ハードルを「死なない」に設定するとしたら、コミュニケーションって、案外簡単な気がしてきませんか。

これを繰り返していけば、お店ではどんな風に振る舞うとスムーズにいくのか、コミュニケーションの作法が経験として否応なしに身についてくる。

さらにコツをちょっとだけ押さえておけば、上達はもっと早いはずですよね。そのコツについては次章、メソッド2で。

COLUMN ①
パソコンは生産の道具、スマホは消費の道具

ここで、今っぽい話をひとつ。スマホとの付き合い方。

フィルターバブルって言葉、聞いたことありますか？

フィルターバブルとは、各サイトが提供するアルゴリズムが、ユーザーそれぞれの好みに合わせて見たくない情報を遮断《しゃだん》してしまって、気がつかないうちに、自分が見たいものしか見なくなってしまう現象のこと。

Googleトップの「おすすめの記事」しかり、Twitterの「トレンド」しかり、スマホから自動的に入ってくるのは、自分のこれまでの閲覧《えつらん》傾向《けいこう》に合わせて調整された情報ばかりです。ネットは知らないうちに、あなたのために検閲《けんえつ》されているわけですね。

ぼくは、スマホのニュースアプリは速報アプリのみにしています。後は全部ＲＳＳリーダ

ーという、自動的なフィルターのない機能で新着順に読む。そうじゃないと、ぼくが興味のある情報しか入ってこなくなってしまうからです。アプリが勝手にキュレーションしてくれた状態だと、本当は何がひっかかるかわからない情報が、勝手になかったことにされてしまう。アナウンサーとして致《ち》命《めい》的なことだからです。自分が興味ある情報だけで構築された世界。一見心地いいかもしれませんが、これ、自由じゃないですよね。

インターネットはぼくたちに無限の可能性をもたらしてくれたわけで、使い方次第だと思います。そのうちネットだけでノーベル賞をとる人が出てくるとも言われていますし、そういう可能性はたしかに感じます。

でも、自分から意識しない限り、フィルターバブルの中に閉じ込められて、そこから外に永遠に出られなくなってしまう。その状態にすら気づけない。よく考えると、とても怖いことのような気がしてきませんか？

以前、天才高校生として知られる矢《や》倉大夢《くらひろむ》くんと会ったときに、彼が言っていた、「パソコンは生産の道具だが、スマホは消費の道具」という言葉が忘れられません。確かに、スマホで３０００字の原稿《げんこう》を書けと言われたら、かなりめんどくさい。そして、スマホでプログラミングをしている、と言う人も、今のところまだほとんど見たことがありません。スマホは、生産には今の段階では向かない道具なんですよね。

休みの日にTwitterをぼんやり見ている時間って、心地いいですが、ゆるやかにダメな何かになっていくような気がします。居心地のいい自分の世界に引きこもってしまうと、「本当は世界でもっと別のことが起こっているはず、自分はそこで生きていけないのでは」と思ってしまいます。そう、不安が起こります。

その不安に対抗《たいこう》するには、やっぱり、外に出かけて、人と会うというのが私には一番の方法でした。で、そのときには、「あれ、これってどういうことだったんだろう？」という疑問に、どんな場所でも答えてくれるスマホって、めちゃくちゃ役に立つんですよね。疑問があれば、スマホは強い味方に変化します。

ちなみに私は、年に数回スマホを買い替え、今までに買ったスマホの台数は数十台を数えるぐらいのスマホ好きです。「なんとなくスマホ」じゃなくて、「絶対にスマホ」って感じで好きなんですよ！

メソッド 2

知らない人に
話しかけてみよう

WORLDLY WISDOM
FOR 14 YEARS OLD

「モテたい！」は、叶《かな》うのか？

さて、再びラジオ風にお悩《なや》みを開いてみましょう。次はなにやらテンション高めのお悩みみたいですね。

ラジオネーム・おおのぼりさん。

【お悩み②】
「思い切って相談します。……めっちゃ彼女《かのじょ》がほしいんです!!　でも、女子との会話がぜんぜん弾《はず》まなくて、モテる気配がありません。どうすればいいですか？」

わかりやすく「モテたい」！　いいですねえ。正直！　14歳《さい》ぐらいの年頃《としごろ》の最大の関心事かもしれない。

はじめに言っておきますが、ぼく自身はまったくモテません。だから「モテるためのアドバイス」はできないんですが、最終的に結婚《けっこん》は出来ていて、「彼女をつくる方法」についてはお伝えできることがあるかもしれないので、この質問をピックアップしました。

いきなりの恋愛《れんあい》論……ではなく、この章のテーマはコミュニケーションの方法です。

ついでにそもそもモテたいってどういうことなのか。それは本当に努力によって叶えることができるのか問題についても、話してみましょうか。

コミュ力《りょく》は才能じゃない

まず、なぜぼくはコミュ力にここまでこだわるんでしょうか？

「はじめに」でお伝えした通り、かつてのぼくはコミュニケーションが極端《きょくたん》に苦手な人間、いわゆるコミュ障《しょう》でした。それでも、中学・高校・大学時代は周囲も他人のコミュ障なんて気にしないやつらばかりでしたし、中学校時代は『機動警察パトレイバー』*1に、高校時代はアイドルグループ「東京パフォーマンスドール」*2にドはまりしたり、漫画《まんが》や本やデジタル系雑誌を読み漁ったりと、典型的なオタクとして充実《じゅうじつ》した毎日を過ごしていました。

大学では落語研究会に入っていましたが、落語は話芸で、双方向《そうほうこう》のコミュニケーションとは別物。自分のコミュ力について考える機会なんてまったくなく、その時々でやりたいことを全力でやりながら過ごしてきました。

そんなぼくが、「あれ？　もしかして、自分ってコミュ障？」と気づいたのは、大学を卒業し、ニッポン放送に就職した後のこと。「はじめに」でも少し触《ふ》れましたが、運だけでラジオ局に入社し、アナウンサーとしての一歩を踏《ふ》み出したはいいものの、ラジオ番組のゲストにまともな質問ひとつできず、ひとりで空回り。イベントの司会を担当すれば話題に困った挙句、とんでもない質問、いわば「地雷《じらい》」を踏んで相手を怒《おこ》らせてしまう、などなどさんざんなポンコツぶりを発揮。

ついにはゲストから「吉田《よしだ》さんって、日本一絡《から》みづらいアナウンサーですね」なんて

＊1　**『機動警察パトレイバー』**｜漫画家ゆうきまさみらのグループ「ヘッドギア」原作で、1988年から漫画、アニメなどメディアミックス展開されたSFストーリー。レイバーという歩行式機械が一般的となった1998年からの東京を舞台に警察組織・特車二課の活躍を描く。

＊2　**東京パフォーマンスドール**｜1990年に結成されたアイドルグループ。ユーロビート、ハウスなどの音楽ジャンルを取り入れ、スタイリッシュに歌って踊るアイドルとして、90年代のアイドル文化をけん引した。2013年から第2期メンバーが活躍。

言われてしまったこともありました（詳《くわ》しくは拙著『なぜ、この人と話をすると楽になるのか』[＊3]（太田出版）や『コミュ障は治らなくても大丈夫』[＊4]（水谷緑との共著／KADOKAWA）を参照）。

完全なる、「君この仕事向いてないよ」宣言。めちゃくちゃ落ち込《こ》みましたが、我ながらよくあのとき辞めなかったなと思います。落ち込む暇《ひま》も無かった、というのもありましたが。

そんなぼくに、当時の先輩《せんぱい》がくれたアドバイスが「聞き上手になれ」でした。でも、しゃべり上手ならまだしも、聞き上手ってなんだよって話じゃないですか。当時のぼくにはまったく理解できなかった。うまくしゃべるなら自分で努力すれば何とかなるかもしれないけど、相手がしゃべるかどうかは、自分の力だけではどうにもならなくないですか？　「自分がそこに座ってたら目の前の人がめちゃめちゃしゃべるって、そんな超能力《ちょうのうりょく》あるわけないだろ！」って思っていました。

「聞き上手になれ」、これって、「ホームランを打てるようになりたい」と悩んでいるプ

＊3　『なぜ、この人と話をすると楽になるのか』｜“コミュニケーション力とは”というテーマを、とことん具体的に掘り下げた吉田の代表作。

＊4　『コミュ障は治らなくても大丈夫』｜“コミュ障”にも関わらず、アナウンサーとしてニッポン放送に入社した直後からの吉田の奮闘（ふんとう）を描いたコミックエッセイ。

口野球選手に「よし、じゃあホームラン王になれ」って言ってるのと同じだと思うんですよねぇ。アドバイスするなら、バットの位置を動かせとかフォームを変えろとか……具体的な方法があるはずなんですよ。

当時、焦《あせ》っていたぼくはコミュニケーション関連の本を読み漁りましたが、「自信を持ってみる」とか「打ち解けやすい人になる」とか、いや！　それが出来ないから悩んでるんだし！　と思うような、先輩に言われたこととだいたい同じ内容。納得して、実《じっ》践《せん》して、コミュ障を脱《だつ》せるイメージがまったく抱《いだ》けなかったんです。

そんなマイナス地点からのスタートでしたが、現在のぼくはアナウンサーとしてどうにか続けてこられ、レギュラー番組に加え、イベントや講演会など、さまざまな現場を任せてもらえるようになりました。

「はじめに」でお伝えした通り、コミュ障アナウンサーからここに至るには、何かブレイクスルーとなる大きな出来事やラッキーがあったわけではありません。ひたすら地道にトライ&エラーを繰り返し、自分なりの方法を確立したのみでした。

コミュ障から自力で脱却《だっきゃく》し、コミュニケーションを生業《なりわい》として曲りなりにも20年生きてきた私が経験した、この膨大《ぼうだい》なトライ&エラーのうち、振《ふ》り返ってみると、必要だったのはほんのわずかでした。少しのコツを覚えて、あとは実践《じっせん》すればいい。最短距離《きょり》で目指すゴールにたどり着くことができます。血反吐《ちへど》を吐くのは私までで充分で、これを読んでくれた人には無駄な苦労はして欲しくない。というか、こんなにいろいろひどい目にあったんだから、せめて次の人に生かしてもらえないと、私の黒歴史が浮《う》かばれません！　お願いですから、誰《だれ》でも実践出来るコミュニケーションの技術、受け取ってください！

知らない人に話しかけるために必要な持ち物

メソッド1の結論として、不安を解消したいのならば、とにかく「知らない人に話しかけよう」ということをお伝えしました。でも、知らない人に話しかけるって、確かにめちゃめちゃハードル高い。

その高い高いハードルを越《こ》えるために、あらかじめ持っておくべきものがふたつだけあります。

①話しかける勇気
②へこまない体力

とにかく持ち物はこのふたつだけなんです。「痛いのをガマンして！」って言ってるようなものではありますが、「コミュニケーションには痛みがつきもの、痛くても全部ガマンして」って言ってるわけじゃなくて、痛いのはここだけ！　なのでこのふたつだけ、精神論ぽいですけどついてきてください。ぼくのコミュニケーション法においてはこれさえ守れば、あとは単純な技術論です。このふたつだけはとにかくえいやっと、「やる」と決めちゃいましょう。

まずは①、とにかく「話しかける勇気」を持つこと。

コミュニケーションに関しては、話しかけないことには、何も始まりません。コミュニケーションはしたい。でも、相手が話しかけてくれるまで待つ……では、機会はどんどん失われていきます。みんなが自分に興味がある、なんてことはまずありません。こっちから話しかければ、あとは否応なしに場は動きます。

ちなみに経験者の立場から言っておきますが、事前に綿密な会話のシミュレーションなんかしても時間の無《む》駄《だ》ですからね。相手は自分の思う通りになんて動きやしません。だからとにかく、目の前の機会を逃《のが》さず勇気を出して話しかけちゃいましょう。

大丈夫《だいじょうぶ》です。死にはしませんし、相手がいきなり大激怒《だいげきど》するなんてこともありません。

私は年間１０００人くらいの人に会っていますが、「あの人と関わってひどい目にあったな」っていう記《き》憶《おく》って、この20年で２回くらいしかありません。正直に言いますが、無くはない。ただ、確率たったの１／１万です。あとは、話しかければ場はなんとかなるものです。気楽にやりましょう。

だいたい無《む》鉄砲《てっぽう》になんかやったときのことが、最終的に一番いい結果になってきますから。

余談ですが、実は、今ぼくのマネジメント的なことをしてくれている田中《たなか》さんという方との出会いも、そんな感じでした。前からラジオ大好きでぼくのことをよく知っていてくれた田中さんが、ある日、ダメ元でぼくに取材のオファーをしてくれたことが出会いのきっかけ。その取材が縁《えん》となり、今ぼくと一緒《いっしょ》に働いている……という関係になっていたりします。世の中、行動の先に何が起こるかなんてわからないものです。

もうひとつの②「ヘコまない体力」について。コレはちょっと心理的ハードルが高いかもしれませんが、いじられてもオイシイと思うことです。

ぼくは顔色の悪さゆえに某《ぼう》アイドルグループの女の子たちから「ゴボウ」と呼ばれているのですが、めちゃめちゃオイシイと思っています。ゴボウ、どうでしょうか？　決してイケメンにつけるあだ名ではないですよね。

最初にこのあだ名を言われたときは、確かに「そんなに顔色悪い自覚ないですけど！」と、一瞬《いっしゅん》傷つきました。でもその場にいたアイドルの女の子たちも、ディレクターもみんな笑ってる。相手に決して悪意がないことはわかっています。なのに、そこでぼくが拒否《きょひ》反応を示して固まったら、それはとたんにただの悪口になってしまう。それよりはのっかってみよう、と、意を決して「確かに！」と返したんですね。そしたら、その場が一気になごんで、アイドルの子たちとの距離も縮まったんです。

その瞬間《しゅんかん》、ぼくは「いじっていい人」になった。「この人、いじっていい人なんだ」と思ってもらえるのって、コミュニケーションのハードルが一気に下がる瞬間です。

それに、ゴボウってあだ名がついたとたん、なんかぼくの個性に一発でスポットライトが当たった感がないでしょうか？　黒くて細くて面倒《めんどう》くさい。自分のキャラクターって、他人が決めるものです。自分で「ぼくはこういう人だから」っていくら宣伝しても、周りの人がそう見てくれなければ意味がない。

だから、自分にとって予想外のネガティブパスがあっても、いったんはそれを受け取ることを拒否しない。これはもう、そういうルールとして決めてください。

お笑いの世界では「チビ・デブ・ハゲ」はキャラ付けに欠かせません。「ハゲ」を武器にしている芸人さんが、人気者の世界からいなくなることはないですよね。

10代だと、嫌《いや》かもしれないけど、この中で一番言われがちなのは「デブ」かな？　本当は傷ついたとしても、男子だけど「うるせーおっぱいBカップだぞ！」なんてのっかってみる。一番最初に受け入れるときは、つらい気持ちがあって当然なんですが、一度、「いじっていい人」として周囲に認識されたら、圧倒《あっとう》的に生きやすくなります。

とはいえ、本音ではやっぱり「イケメンとして尊重されたい」「アイドルみたいにちやほやされたい」と思ってしまうかもしれません。でもそれはメソッド1でお話ししたプライドです。持っているだけ害なもの。人間としてその気持ちをすっぱり捨ててください、と言われても難しいですけど、それを目指して行動しなければいい。だから、自分の理想通りの評価がこなかったとしても、ネガティブパスでも、いったんは全部受ける、と決めてしまう。

「話しかける勇気」「ヘコまない体力」。知らない人との会話において、大事なのはとにかくこのふたつだけだと思っています。でも、コミュニケーション論を読むと、このふたつ以外のことを言う人が非常に多いんですよね。「相手のことを考えて」とか。でも、相手のことなんて考えてもわからないから、それはウソです。

コミュニケーションとは、協力型のゲームだ

ぼくは、コミュニケーションはゲームだと考えています。相手を敵とみなして戦う対戦型ではなくて、参加者全員で力を合わせてクリアを目指す協力型のゲームです。

ゲームである以上は、クリアがある。コミュニケーション・ゲームのクリアとは、相手とその場を共有している制限時間内、「気まずさ」を排除《はいじょ》し続けること。

気まずさは、油断するとすぐに場を支配し始めます。たとえば初対面の人同士が、とにかく15分一緒にいなければならないとしたら、黙《だま》っていると一瞬で気まずい空気になってしまいますよね。

その場にいる全員で協力してその気まずさを排除し続け、場がなごやかになり、最後にみんなが笑顔でその場を去ることができればゲームクリア。それ以上を目指す必要はないです。

そして、このゲームにゲームオーバーはありません。もし気まずさが最後まで排除できなかったとしても、死にはしません。また次の機会に挑戦《ちょうせん》すればいいだけの話です。

やってしまいがちな間違いが、ゲームの目的を「人からよく思われたい」、「尊敬させたい」など、自己顕示《けんじ》欲の方に設定してしまうこと。そう、これは「プライド」ですね。「人からよく思われたい」と思って会話して、本当によく思われることはまずありません。徹頭徹尾、相手と場のために会話して、結果的に好かれたりすることはあるかもしれません。

たとえばメソッド1の続きで、服を買いに行ったときに店員さんになめられたくないからといって、「私、服のことすっごい詳《くわ》しくて〜」と始めたら、相手は引いてしまうはずです。

そこで自分を尊敬させようとするのはまったく見当違《ちが》いの行為《こうい》。

会話は自己表現の場ではありません。あくまで「じゃれ合う」、お互《たが》いが大丈夫な存在であることを確認する場。

いい感じに会話が続いて、その場に気まずさがなければそれでOK、コミュニケーション・ゲーム大勝利です。

聞いたらダメ、やったらアウトってなんだろう？

かつてのぼくがそうでしたが、コミュニケーションが苦手な人って、相手の地雷を踏まないよう、変に気を回してしまっていることが多くないでしょうか。「これは言っちゃいけないよね」「聞いたら失礼だよね」といちいちブレーキをかけて、無難な質問・

返ししかできない。結果、相手との会話は盛り上がることなく、いまいちな空気になってしまう……。

そんな人間からすると衝撃《しょうげき》的な出来事がありました。仕事で東京の下町に行ったときのこと。

毎週いろんな街に行って、そこがどんなところかレポートをするというシリーズ番組で、向かったのは墨田《すみだ》区の曳舟京島《ひきふねきょうじま》。サボテンを地面に植えたら高さが2メートルを越《こ》えるおばけサボテンができた……というネタを追ってきたものの、肝心《かんじん》のおばけサボテンが全然見つからない。あちこち探すうちに、いかにも下町という風情の商店街の飲み屋さんに行きつきました。

そこで平日の4時ごろから飲み始めているおじちゃんたちに、「すみません、こういうおばけサボテンを探してるんですが」って聞いたら、「それは、むこうの方じゃねえかなー。あ、15分ぐらいかかるから、そこに停めてある自転車にのってっていいよ」という軽い返事が返ってきたんです。

みなさん、店でたまたま会った得体の知れない初対面の相手に、「自転車のってっていいよ」って言えますか？　自転車どうなっちゃうかわからないですよね。

お借りした自転車で教えてもらった場所に向かって、無事おばけサボテンを発見。「ありました！」って、自転車を返しに行ったら、今度は「おお！　よかったねえ!!」って店内で拍手喝采《はくしゅかっさい》が起きる。なんというか、人の性質が違う。

さらに衝撃的だったのが、途中《とちゅう》で立ち寄ったコンビニ。ドアをくぐったとたん、店員さんが「いらっしゃいませ、こんちはー。お兄ちゃん、今日何にする？」と声をかけてきたんです。コンビニで「お兄ちゃん、今日何にする？」って、言われたことある人、います？　ぼくだってもちろんそんな経験ない。

その瞬間、「あ、ぼくらは聞いていいことを無意識のうちにすごく狭《せば》めてる」って思ったんです。

誰が決めたわけでもないのに、「この相手と関わっていいのはここまで」と勝手な線引きをしてしまっている。コンビニの店員さんが客に「お兄ちゃん、今日何にする？」

って聞いたっていいんです。会話って、もっと自由で適当でもいいはずなんだと。下町って、何百年も人がひしめき合って暮らしてきたところですから、この下町流のコミュニケーションがどこまでも自由であるのには、理由があります。私は関東人だから外から見て思うことですが、大阪の人が「面白い」のは、都会である歴史が東京よりも長いからじゃないか、と思っています。

もうひとつ、これは聞いた話なんですが、アニメーション監督《かんとく》の宮崎駿《みやざきはやお》＊3さんのところに、「アニメの作り方を教えてください」と申し込んだ中学生がいたそうです。それを聞いたとき、ぼくは「いきなり〝世界の宮崎〟に聞くって！」って面食らってしまったんですが、宮崎さんは実際に中学生とお会いになって、丁寧《ていねい》にアニメの作り方を教えられたとか。

よくよく考えてみれば、アニメの作り方って、宮崎さんの一番の得意分野。それを聞かれたくないと思っているはずがないんですよね。大人だと「宮崎駿のインタビュー取ってきたぜ！」と社会的な意味、プライドのためにインタビューを申し込むこともある

＊3　宮崎駿｜1941年生まれ。日本を代表するアニメーション監督。『未来少年コナン』（1978年）で監督デビュー。以降、『風の谷のナウシカ』（1984年）、『となりのトトロ』（1988年）など数々のヒット作を監督し、2001年に公開された『千と千尋の神隠し』で、アカデミー賞長編アニメ賞を受賞。

右
人と　ていいじゃない。
自分　しく行こう！

5分シリーズ＋

スガリさんの感想文はいつだって斜め上 3

平田駒

読書感想部部長スガリさんと直山先生が、ぶっとんだ読書感想文をヒントに事件を解決する、大人気青春ミステリー第三弾！

▼一二〇〇円

傑作浮世絵コレクション

歌川国芳 遊戯と反骨の奇才絵師

河出書房新社編集部編

幅広い分野を手がけ、規制をものともせず、機知に富んだ作品を描き続けた国芳の魅力を傑作の数々とともに。オールカラー。新装版。

▼二四〇〇円

大人の塗り絵 POSTCARD BOOK

大人の塗り絵 POSTCARD BOOK ピーターラビットの絵本の世界編

ビアトリクス・ポター

ポターが『ピーターラビットのおはなし』シリーズのために描いた挿絵の塗り絵。生き生きとチャーミングな動物の描写が素晴らしい。

▼八八〇円

大人の塗り絵シリーズ

大人の塗り絵 プレミアム おとぎの国の動物たち

杏チアキ

動物たちのおとぎ話のような不思議な世界を描いています。大きなサイズで原画と塗り絵を各十六枚収録している特別な塗り絵。

▼一五〇〇円

らんぷの本／マスコット

水森亜土グッズコレクション いつみても、いつでもラブリー

水森亜土　内田静枝編

亜土ちゃんのイラストをあしらった可愛い、キュートな〈亜土グッズ〉!! いつの時代も女の子の憧れ。秘蔵のお宝グッズを初めて公開！

▼一八〇〇円

コミック（書籍扱い）

警察官をクビになった話

ハルオサン

憧れだった警察官になれたのに、待ち受けていたのは壮絶ないじめだった——。1日二百万PVを記録した話題の漫画、待望の書籍化！ ▼一三〇〇円

文藝別冊

ケンドリック・ラマー

河出書房新社編集部編

インナーシティの矛盾と救済を複雑に織り込んだリリックや、他ジャンルを積極的に摂取する楽曲で世界的支持を集めるラッパーに迫る。 ▼一三〇〇円

文藝別冊

三島由紀夫1970

河出書房新社編集部編

自決から五十年、三島にとって政治とは、そして天皇制とは何だったのか。赤坂憲雄×安藤礼二、大澤真幸、中島岳志、古川日出男など。 ▼一三〇〇円

文藝別冊

ビル・エヴァンス

没後40年　増補決定版

河出書房新社編集部編

先年の増補版にさらに増補。孤高のジャズピアニストの全貌に迫る。本人インタヴューやミュージシャンの証言収録。寺島・後藤対談も。 ▼一三〇〇円

河出新書

大親分！

アウトレイジな懲りない面々

北野武

河出新書に「北野武」が登場！「利口はやらない、バカじゃできない、一途な人たち。」（北野武）の物語が、幕を開ける。 ▼七八〇円

※ 価格は税別です。

出版のご案内

もっとも読みやすく、美

角田源

○

り

来編

書房新社編集部編

大好評シリーズ第十三弾！今回も六〇歳以上のリアル・シルバーの傑作川柳大集合。人気コーナー「九〇歳以上の川柳の部屋」も充実！

久世光彦

向田邦子、樹木希林、高倉健、美空ひばり……才人・久世光彦の全エッセイのなかから、愛した「ひと」にスポットをあてたエッセイを精選。 ▼一〇〇〇円

吉川英梨

ブラッド・ロンダリング——過去を消し去り、自らの出自を新しく作りかえる。警視庁捜査一課・真弓倫太郎が抱える秘密とは!? ▼一七〇〇円

島田雅彦他

文筆界の「左党」たちによるつまみエッセイを集めたアンソロジー。呑兵衛たちにはたまらない下戸にもグッとくる三十六篇を収録。 ▼一六〇〇円

平坦ではない人生も〈亜土ちゃん〉の手にかかると、摩訶不思議！ 軽々と楽しんでできちゃう！ 人生を楽しむコツ満載。初の書き下ろし ▼一六〇〇円

のかもしれませんが、中学生が「アニメの作り方を教えて下さい」と聞くのは、純粋《じゅんすい》な好奇《こうき》心《しん》だ、と宮崎さんは判断したんでしょう。

ぼくたちは何か気になったことがあっても、相手に遠慮《えんりょ》して「これは聞いちゃいけない」と思い込んでしまいます。でも、自分自身に置きかえてみてほしいんですが、実は「聞かれたくない」と思っていることって、圧倒的に少なくないですか？　聞かれても絶対に話さないぞ、と決めていることなんて、そんなにないですよね。

人間はおしなべて自分の話を聞いてもらいたいと思っている生き物です。と、思っていたら、そんな研究結果がハーバード大学社会的認知・情動神経科学研究所から発表されていました。

って、そんなすごい研究所に発表してもらわなくても、めちゃくちゃ当たり前のことなんですけど。

ハーヴァード大学社会的認知・情動神経科学研究所（Harvard University Social Cognitive and Affective Neuroscience Lab）の科学者たちはこのことを研究し、人は自分自身について語るときには、生理学的に快感を得られることを発見した。その理由は、その行為が脳の快楽や満足に関係する脳の神経領域を活性化させるからだ。しかもこれは、話しているのを聞く相手がいなくても機能するメカニズムなのだ。

「なぜわたしたちは自分のことを話すのが好きなのか？：研究結果」（WIRED NEWS（ITALIA）２０１3年8月23日公開）より
https://wired.jp/2013/08/23/talk-about-myself/

誰かに興味を持って聞いてもらえたら、それだけですごくうれしい。それが自分の得意分野のことだったら、なおさらです。そんな気持ち、あなたの中にもないでしょうか？　ちなみにぼくは、いまこの本を読んでもらってるだけですごくうれしいです！

もちろん、時間的制約やその他の理由で、実際に聞いても反応してもらえないことはあります。宮崎監督にアニメの作り方を教えてもらえた中学生は、運がよかっただけかもしれない。ただ、間違いなく、知らない人に話しかけた。

それは「やってはいけないこと」ではないんです。トライしてみる価値はある。しかも14歳ぐらいという年齢《ねんれい》って、絶対的に大人から無碍《むげ》にされない年齢です。これはもう保証します。

14歳はチートチャンス。だからどんどん話しかけていきましょう。

人に好かれる方法はない

ただし、コミュニケーションにはできることとできないことがあると思っています。別の言い方をすると、設定して達成できる目標と設定しても達成できない目標がある。前述のとおり、「とにかくいい感じにその場の会話を続ける」という目標は設定できます。それに対する戦略も立てられます。

一方、今回の相談者のように、「モテたい」「好きにならせたい」という目標は立てられません。残念ながら。なぜならコミュニケーションによって相手の感情をコントロールすることはできないからです。

あなたに好きな人がいるとします。相手にも好きになってもらいたいとコミュニケーションを試みる。お互い打ち解けていい感じの会話を続けることができたとしても、それはただその場のコミュニケーション・ゲームが上手くいっただけに過ぎないのであって、相手にも好きになってもらうことはゲームの範囲《はんい》外の話です。

相手が自分を好きになるかどうかというのは、自分の問題ではなく、相手側の問題。逆に、嫌われるのも同じです。もちろん好きになってもらえる未来が来ないとも限りませんが、それはもう運次第。コミュニケーションの場に自己顕示欲を持ち込んでも、無駄なんです。

それでも実際その場に直面してみると、無意識のうちに、みんな相手に一目置かれたいとか好かれたいと思って接してしまう。もちろん私もそうです。すぐ忘れちゃう！

すごく仲の良い友だちとしゃべっていると、何も考えなくていいことってありますよね。自然と言葉が出てくる感覚。特に気も遣わないし、会話が続かなくても気にしない。相手に認められたいとか、今さら好かれようとか、プライドのような邪魔《じゃま》なものは存在しません。

どうすればそういう関係になれるかというと、それはもう会話を続けた結果でしかない。今、そういう関係の友人や恋人《こいびと》がいる人がいたとして、その相手とは、ひと言も交わさないうちからそうでしたか？　まったく知らないところから、会話を積み重ねた先に、そういう関係があるんじゃないでしょうか？

最初は絶対に気まずかったはずなんです。その気まずさを排除しようとコミュニケーション・ゲームに挑み続けているうちに、気づいたらいつの間にか「この人とは会話が終わらないな」という関係になっている。

だから、会話を続ける中で「相手が好意を抱く」という思わぬ副産物が生まれる可能性はある。逆に、同じ努力をいくら重ねても「この人とは絶対にそういう関係になれないな」という人もいる。結果はどちらになるかはわからないけれど、まずはとにかくコミュニケーション・ゲームに挑戦してみないと始まりません。

だから、「友だちを作りたい」も「彼氏・彼女を作りたい」も、それらを叶えるための初手は「いろんな人に話しかけてみよう」になるんです。いろんな人に話しかけるうちに、いくら話しても話し足りない、という相手と出会える可能性がある。

会話は全然続かないけど顔がいい恋人とか、ちょっとイラッとするけど社会的地位が高くてイケてる友だちと付き合うよりも、理由はわからないけど、会話が楽しい相手と付き合った方が絶対いいと思います。だよね？

彼氏・彼女がほしい！　だったら知らない人に話しかけよう

モテたいという気持ちをもう少し分析《ぶんせき》してみたいと思います。それは、誰か特定の人と付き合いたいという気持ちとは別物ですよね。いろんな人にちやほやされたい。もっと消極的に言えば、「人から気持ち悪い、イケてない」と思われていない証拠がほしい。いずれにしろ、承認欲求です。要するに、プライドです。これまで何度もプライド＝いらないもの、という話をしました。しかもうすうすみなさんも気づいている通り、「モテたい」という衝動からスタートして、実際に不特定多数からモテる人間になる、ということは、かなり難しい。でも、モテたい、という煩悩《ぼんのう》を出発点にして、人に話しかけてみる、というのはすごくいいと思います。

そして「今は特別に好きな人はいないけれど、とにかく誰かと付き合いたい」なら、「とにかく知らない人にたくさん話しかけること」。知り合いが10倍いる人は恋人や友人がいる可能性が10倍高いです。当たり前ですが、知らない人のことなんて好きになりようがない。知り合いも少ないのに、モテるわけがないんです。

あなたを好きになってくれる人が見つからないのは、単純に母数が少ないだけの可能性もある。だから、誰かに好きになってもらうという結果目標は空虚《くうきょ》だけど、知り合いを増やす努力目標は自分の気持ちで何とかなる。

もちろんあなたの知り合いの中には、「そんな努力はまったくしていないのにモテている」というけしからん人もいると思います。

芸能界にいるそういう輩《やから》のモテ具合は、その何百倍です。同じ男性だったりすると

「すごいなー」なんて、うらやましいやら感心してしまうやらですが、でも、実際のところ、本人自身はモテることには全然興味がないことが多いように見えます。彼らにとってはモテることが当たり前になり過ぎてしまっていて、そこに何の喜びもないからです。

だから、モテないからこそなんとかモテたい！　と思って努力している人の方が、誰かから好意を向けられたときの喜びは絶対に大きい。なんだか深い話な気がするのはぼくだけでしょうか？　ま、モテてる人からすると、何それ？　って話かもしれませんけどね！

まとめ

・コミュニケーションとは協力型のゲームである
・コミュニケーションの目的を、モテたい、好かれたいにすることはできない
・聞いていけないことはそんなにない
・まずはとにかく話しかける

ここまで、コミュニケーションの考え方について紹介《しょうかい》してきました。では、具体的にはどうすればいいのか。ここからは実践編です。

実践編①　コミュニケーションに最も必要なのは「質問力」

コミュニケーション・ゲームの肝《きも》は、あくまでその場の気まずさを排除し続けること。サッカーに例えれば、会話はドリブルとパス。これを延々と回していければいいんです。

そこで、誰かが「よし、ここでオチだ！」とシュートを決めようとしてしまうと、そのゲームには悪いことが起きてしまいかねない。下手をするとゲーム終了《しゅうりょう》になる可能性もある。

ゴール（オチ）はあくまで偶然《ぐうぜん》決まるもの、くらいに考えておくのが得策だと思います。

ドリブルとパスをうまくつなげるために必要なのは、「質問力」と「説明力」です。

まずは、特に大事な「質問力」について。

メソッド1でお話しした、ファッションビルに買い物に行った例でシミュレーションしてみましょう。

店に足を踏み入れた途端、結構な確率で聞かれるのが「何かお探しですか？」です。

これ、返答に困る人が多いと思います。

特に何か明確に目的があるわけじゃないときは、なんと答えたらよいかわからないですよね。「えーと、特には……」などしどろもどろに答えるしかなくて、気まずい瞬間が訪れてしまいます。

すごいお店の店員さんは、そのひと言めが違ったりします。これが、質問力。相手には答えやすい質問をぶつけるのが、コミュニケーション・ゲームの基本テクニックです。

ぼくがかつて先輩に言われて理解できなかった「聞き上手になれ」とは、言い換えれば「質問力を上げろ」ということだったんですね。質問が答えやすければ、しゃべれますもんね、相手も。

たとえば、店員さんの第一声が、「そのコート、暖かそうでいいですね。どちらで買われたんですか？」だったら、どうでしょう？　事実を具体的に答えればいいだけ。

「近所のユニクロで」

「ユニクロ！　確かにユニクロって安くていいものを売ってますよね」

「買いやすいのでありがたいですけど、そろそろもうちょっとだけこだわった服がほしくて」

「そうでしたか。冬物でお探しですか？　それとも春物？」

と、その後の会話が続きやすい。

相手が具体的な返答ができる質問をぶつける、というのが、コミュニケーション・ゲームに必要な基本の「質問力」です。

ここで大事なのは、あくまで相手への興味から質問をすること。興味が無い人に、マニュアルで話しかけられたときって、一発でわかりますよね。

「そのコート、どちらで買われたんですか？」は、具体的だし、「どちらで」の部分は質問相手に対する興味です。だから答えやすい。目に映るものはかならず具体的ですから、まずは見たもののうちのどこかから質問する、というのはテクニックのひとつです。あとは勇気をもって質問してください。

実践編② 質問はWhyよりも、Who・When・Where・What・Howが有効

では、想定内の悪手であるところの、「今日は何かお探しですか？」をぶつけられてしまったとしたら。

特に答えることがないときは質問返しが有効です。

たとえば、「この時期って、みんな何を探してるんですかね？」。

こちらから具体化して、相手に答えやすい質問を提示する。

「何かお探しですか？」はあいさつのようなものですから、「この店って、前からありましたっけ？」「何時までお店やってますか？」「店員さんはおひとりですか？」とか、

全然違う角度からの返しでもいい。いずれにしろ、相手がスムーズに答えられるような質問をすることが大事。

　では、ちょっと目先を変えます。「なぜ、それを聞くんですか？」という質問はどうでしょうか？　ちょっと、店員さんもぎょっとしそうです。「なぜ」は、具体性がなく、考えずに答えられない質問だからです。

「なぜ」と訊《き》いた有名な質問に、「なぜ山に登るのか？」というのがあります。これに対して、登山家ジョージ・マロリー[＊5]は、「そこに山があるからだ」と答えたそうですが、日常の会話では、別に歴史上に残る名言なんて求められていないわけです。これ、マロリーはすごいですけど、日常会話は、インタビューではありません。会話の中で「そこに山があるからだ」と言われたとして、その後、どうやって話を広げていいかわからないですよね。「お、おう……」くらいしか返せない。

　今ぼくが、あなたに「なぜ、この本を手にとったんですか？」って聞いたら、どう返事をすべきか少し考えてしまうかもしれません。でも、「どこでこの本を買ったんですか？」だったらすぐに答えられませんか？　あるいは「いつこの本を買ったんですか？」

＊5　ジョージ・マロリー｜1886年生まれ、1924年没。イギリスの登山家。世界初のエベレスト登頂を目指し、1920年代に遠征隊に参加。3度目の遠征時に行方不明となるが、1999年にその遺体が発見された。

でも、悩みませんよね。

質問は「Why」よりも、「Who・When・Where・What・How」が有効なんです。具体的に答えられるから。

会話は、相手の人生観を問うような重たいインタビューじゃない。即答《そくとう》できる質問・回答をポンポンと応酬《おうしゅう》させようとすればいいんです。なんなら、重たいインタビューって雰囲気だけそれっぽくて、軽い日常会話の方が真実に近いことの方が多いとすら思います。

なので、私は自分の番組で、「なぜ、音楽をやっているんですか?」なんて訊いたりしないです。

実践編③　会話のきっかけ「木戸にたちかけし衣食住」

ファッションビルに行ったときは服についての質問をすればいいし、宮崎駿監督に質問するならアニメについて聞けばいい。相手の属性がわかっていれば、会話の糸口に見当をつけることができます。

でも日常生活で一番困るのって、たとえば朝、たまたま教室に早く来すぎてしまって、自分と、特に仲良くもない斜《なな》め後ろの席の子とふたりきりだったとき……とかではないでしょうか。何を話せばいいやらわからない。

大人でいうところの、「会社のエレベーターの中でたまたま微妙《びみょう》な知り合いと一緒になってしまった」状態と同じ。そういうときは、会話の糸口になるジャブを打ち続けるのが有効です。

そのジャブの手数として覚えておくと便利な、会話のきっかけとなる合い言葉があります。

「木戸にたちかけし衣食住」

・き…気象

・ど…道楽（趣味《しゅみ》）

・に…ニュース

・た…旅
・ち…知人
・か…家庭
・け…健康
・し…仕事
プラス、衣食住。

これは、全人類みんなに関係するから誰でも答えられる話題、として挙げられるネタ集です。この中のいずれかの話題をジャブとして出し続ける。

天気の話は鉄板ネタ。でも、「今日いい天気だね」では意味がありません。「そうだね」で終わってしまうから。重要なのは、その話題を、質問に変換《へんかん》することなんです。たとえば「日曜日は天気悪かったよね。日曜どうしてた？」と訊かれたら、とたんにしゃべれませんか？

では、「衣」だったらどうでしょう？　相手の服について感想を言う。先ほどのショップ店員の例を応用してみましょう。
「その服、いいね。どこで買ったの？」「吉祥寺《きちじょうじ》」「えっ！　吉祥寺よくいくの？」「うん」「へー。商店街にめっちゃ並んでる店あるじゃない、アレ、何屋？」「和菓子《わがし》屋かメンチカツ屋じゃないかなぁ」「行ったことある？」なんて会話を続けることができる。

相手が答えやすい質問をする。ほかの話題にそれていったら、ますますラッキーです！　面白いエピソードが出てこなくちゃいけない、とか、相手に尊敬してもらうのが目的じゃないです、あくまで、なごやかな時間をすごすためには、質問が答えやすければいいんです。

実践編④　会話を「えっ！」でトラップする

質問をして、相手から何かしらの答えが返ってくる。このとき、どんなにユニークな言葉が来ても、こちらが「へー」なんて薄《うす》いリアクションで返してしまったら、せっかく始まった会話が即終了してしまいますよね。「なるほどー」「あ、そう」なんかも同じ。

話がそれ以上広がらない。

とはいえ、バラエティ番組のひな壇《だん》芸人のように、ひねりの利いた返しをしなければいけないわけではありません。

まずはたったひと言、「えっ！」でOK。

会話での相手に対する最大のサービスは、驚《おどろ》くことなんですね。

「えっ！」と驚きを示すことで、相手の話にちゃんと興味あるよ、ということを伝えることができる。

「その服どこで買ったの？」「吉祥寺」「えっ！　吉祥寺よくいくの？」。「えっ！」で、なんとなく始まった会話にギアが一段入った感じ、しませんか？

相手の話をちゃんと聞いて、相手のパスをトラップしないと、驚くことはできません。自分がしゃべったことに対して、誰かが驚いてくれたら、気持ちよくないですか？

あなたに興味があるということの最小単位での表現が「えっ！」なんです。

これは、ぼく自身、ラジオやイベントでよく使っています。もちろん、嘘《うそ》はダメですけど、1の気持ちを10ぐらいにして表現することは、まぁ、あります。「えっ！」って

1回言えたら、もうその場のぼくの仕事のほとんどは達成したと言ってもいいくらい。

相手が芸能人ならまだしも、日常生活の会話でそんなに驚くことなんてないって？　そんなことはまったくありません。人間って、まるで本のようにみんなエピソードの塊《かたまり》。ただ、本は1ページ目から読めばいいかもしれませんが、人は、「ここから読んで」とわかりやすく書かれていたりはしない。ですが、質問をすることでその人のエピソードが、本人も意識していなかったぐらい、ぽろぽろとあふれてくることがよくあります。そして驚くために重要なのが、感情を動かすことを面倒くさがらないこと。テンションを上げて会話に臨むこと。

逆に、どうしても黙って欲しい人がいたら、完全なノーリアクションを貫《つらぬ》き通してください。１００％、相手は黙りますよ！　めちゃくちゃ感じ悪いですけど！

実践編⑤　間違った情報でもぶつけてOK

「えっ！」って驚いた後に、何か続けて質問すれば、会話はさらに続きます。相手の答えを受けて、広げていくイメージです。ネット好きなので古い言葉で表現すれば、「そこんとこkwsk（詳しく）」ですね。興味を持って「kwsk」をぶつけてみる。

とんちんかんなことを聞いちゃいそうで、何を質問すればいいかわからないという人、結構いるかもしれませんね。でも大丈夫。ここは国会の予算委員会ではありません。とんちんかんな質問でも誰も糾弾《きゅうだん》したりはしませんから。

たとえば、コミュニケーションの鬼《おに》として知られる有名司会者の方が、テレビでこんな会話をしていたときのことです。

あんまり話すのがうまくないあるゲストについて、「犬が好き」というぼんやりとした情報だけが、事前にその司会者の耳に入っていたらしく、トーク中に「犬が好きなんだよね？　今だとシベリアンハスキーとか流行ってるでしょ」と切り出していました。すると、ゲストは「いや、今はもうハスキーってあんまり流行ってないんですよ」と食い気味に答えた。そこからはもう司会者のペースです。「えっ？　そうなの？　今何が流行ってるの？」「今はゴールデン・レトリバーです」「えっ？　何が違うの？」……とつないでいく。

司会者がもともと持っていた情報は、かつてシベリアンハスキーが流行ったことがあるらしいというくらいの激ゆる情報なんですが、話を広げるためにはそれで充分《じゅうぶん》なんです。

情報が間違っていれば、相手は訂正《ていせい》するためにしゃべってくれる。なんならコミュニケーションにおいては、あえて間違った情報をぶつけることが、会話を広げるためのテクニックにもなります。

私もかつてめっちゃ強面《こわもて》のヒップホップ系の人がラジオのゲストに来たときに、「怖《こわ》い人ですよね？」って直球で質問をぶつけてみたことがあります。そこで、「なんだと！」と怒る人なんていません。「みんなそう言うんだけど、実は俺ショートケーキが好き」って、めちゃかわいいエピソードを語ってくれました。

自分に置き換えてみても、訂正するときって、自然に言葉が出てきませんか？「◯◯小学校出身だよね？」という質問をされて、それが間違っていたら、「いいえ！」だけで終わらず、自然に「○○小学校じゃないよ、××小学校だよ！」って、思わず言葉を追加しちゃいませんか？

だから、とりあえず勝手な先入観で質問してしまって全然ＯＫ。そして、予想と違った答えが返ってきたら、素直にびっくりしていいんです。ちなみに、相手のことを知らないのは失礼ではありませんが、相手に興味がないのは失礼です。

正直、「えっ！」って言っているだけで会話は回りますし、究極、「えっ！」だけで終了するなら、むしろいい会話だと思います。

実践編⑥　自分の気持ちを表現する＝説明力

もうひとつ、ぼくが大事だと思っているのが「説明力」です。

なにも饒舌《じょうぜつ》に語れ、ということではなくて、自分の気持ちにぴったりくる言葉を探す力のことです。

〝口が腐《くさ》らない感じ〟という感覚、わかりますか？

自分の言葉が、今の気持ちにぴったりはまってるかどうかというのは、口がよくわかっています。

たとえばめちゃくちゃ暑い日に、独り言でもいいので「今日、ほんと寒いな」と言ってみてください。言ったとたん、急になんか悪いことをしたような気持ちになるはずです。人間、自分の気持ちに嘘をつくと誰に迷惑《めいわく》をかけているわけでなくてもなんか気まずい。

自分の気持ちを正直に表現する力＝説明力。これが会話を上っ面だけにせず、グルーヴさせるのに大事な要素です。

でも自分の気持ちに正直になるあまり、相手を傷つけてしまったら、元も子もないですよね。

ここで大事になってくるのが、遊び心です。

ある人気ラジオパーソナリティがラジオでよくおっしゃっている喩《たと》えに、「松の木におじやをぶつけたような顔のブス」という表現があります。もともとは古典落語のネタですが、これ、最高！　大好き。

「ブス」だけだったらもちろんただの悪口です。聞いているみんなが不快でしかありません。ここですごいのは、「ブス」って言いたくもあるんだけど、ちょっと「言っちゃいけないかな」という気持ちも感じているはずなんです。その迷いが、この表現を導いている。いや、「松の木におじやをぶつけたような顔のブス」も、悪口であることには変わらないんですが、ブス、って言葉よりも、「松の木におじやをぶつけたような」の方に気持ちが行って、悪口なのに、面白く感じちゃう。

しかも、松の木におじやがぶつかってる様子を実際に見たことがある人って、まずいないと思うんです。でも、ぼくらはそれを言葉の響《ひび》きだけで想像して面白がれてしまう。それが人間のすごいところです。

どこまでも自分の気持ちにこだわって、その気持ちが表現に出て、「どう○○なのか」の「どう」の方で遊んで、会話に面白さが生まれる。

コミュニケーション・ゲームにおいては自分の気持ちに沿うことと、サービス精神がとても大事なんですね。語彙《ごい》力よりも何よりも、まずは正直に、そして面白がろうとすること。

意味のある会話なんてしなくていいんです。無駄話で全然ＯＫ。しかも、正確な情報を伝える必要は無いから、ひと言で済むところに、一個サービスするだけで、相手も自分も楽しくなる。

失敗したらむしろラッキーですよ。そこを指摘《してき》してあげてください。あんまり芸人さんみたいな言葉を素人の私が使いたくないけど、それがツッコミ。こういうやりとりが一度生まれれば、連鎖《れんさ》的にそういう会話は続いていきます。そうなったら、コミュニケーション・ゲームクリアです。

正直でいられる臨み方や、表現力を身につけるためには、やっぱり場数を踏むのが一番なんですよね。

そして場数を踏むためには、やっぱり外に出ていくのが何よりなんです。外に出て、人と関わると、自然に人に語れるような体験も増えますしね。すでにお気づきかと思いますが、ぼくの話もだいたい外に出て、他人と関わったときのエピソードばかりです。

実践編⑦　あいさつをしよう、時間を守ろう

大切なのは、話しかける勇気、へこまない体力、リアクションとツッコミ。そう、リアクションとかツッコミは、愛です。

以上を心に誓《ちか》って、内容は何でもいいから知らない人に話しかけてみる。ただし、「一発アウト」ってものが存在します。相手からまったく相手にされなくなってしまう、地雷が存在する。それは、「失礼」です。そこで大事なのが、「あいさつ」や「時間を守る」といった、社会生活のごく一般《いっぱん》的なマナーです。「あいさつなんて意味ない」って私もちょっと思ってた時期がありますが、あれは間違いでしたね……！　あいさつしてもらえないだけで、相手は「嫌われてるのかな？」とか思ったりしますし。

大人たちがやっている一見くだらない決まり事にしか見えない世の中のいろんな常識って、スムーズにコミュニケーションを図《はか》るためのすごく重要なプロトコル、手順だったりするんです。あいさつするのは道徳の授業で教えられたから、じゃなくて、「手続

き」です。

得体が知れない相手でも、手続きがちゃんとしてれば、とりあえず話を聞いてみようかとなります。反対に、手続きなしにいきなり話しかけられたら「ちょっと！」ってなりますよね。時間を守る、というのも、優等生ぶってるからじゃなくて、単に契約違反《けいやくいはん》をしていないだけですよね。契約違反しちゃったら、相手にしてもらえなくても仕方がない。

だから、大人が言うつまらないことを、ぼくもここであえて言います。「あいさつをしよう」「時間を守ろう」。

ただそれは試合開始の際にはホイッスルを吹《ふ》きましょう、というような手続きでしかないですから、そこからコミュニケーション・ゲームが始まったら、あとは、優等生であろうとする必要なんて、まったくないですよ！

実践編⑧　大きな声が出せていれば、なんか大丈夫

普段《ふだん》会話するときに大きな声を出せていますか？　相手から「え？」と聞き返されることが多いという人は、もしかしたらちょっと声が小さいかも。でも、そういう人も、きっと子どもの頃から声が小さかったわけではないのではないでしょうか？　どうしてかはわかりませんが、大人になるにつれて声が小さくなってしまう人がいる。

大人ってお腹《なか》から声が出ていない人が多いんです。しかもそれは日本人にだけよく目立つ。これは特にエビデンス[＊6]があるわけではなく、あくまで個人的なイメージなんですが、欧米《おうべい》人や中国人って、みんなお腹から声を出して朗々《ろうろう》としゃべっているように見えませんか？　かそけき声でしゃべっている中国の方って、なかなか見かけませんよね。

それは言語の違いなのか体の構造の違いなのか文化の違いなのか、ぼくにはわかりません。でも、ただひとつ言えるのは、ごく自然に大きい声が出てるときってなんか調子がいいときだと思うんです。家族とか、すごく仲のいい友だちの前なら大きな声を出せ

＊6　**エビデンス**｜証拠、根拠。

るけど、という人、いませんか？

　ちょっと違う話ではありますが、岡田麿里《おかだまり》さん＊7が脚本を手掛けたアニメ『荒《あら》ぶる季節の乙女《おとめ》どもよ。』＊8で、主人公がかつて陰口《かげぐち》を言われた過去を回想して、「知ってる？　悪口を言う子たちってね、本当の本当に『プークスクス』って言うんだよ。『プークスクス』って」というセリフがありました。

　こそこそと小声で陰口を言って、「プークスクス」って笑う。典型的な陰湿《いんしつ》ないじめっ子。嫌ですよね。なにも、自分から好んでそんな状態に入っていくことはないんです。

　これ、子どもはできないんですよ。「プークスクス」なんて言わない。お腹から声を出して、キャッキャ笑ってます。そしてぼくはもう大人ですが、できればいつもそういう状態でいたい。

「プークスクス」って言い始めたら、人生つまらない気がしませんか。

　ただ、「大声を出せ」なんて、ぼくが嫌いな精神論そのものになってしまうので、それは言いません。自然に大きな声が出てる状態って気持ちよくコミュニケーションとれ

＊7　岡田麿里｜脚本家、映画監督。原作・脚本を手掛けたテレビアニメ『あの日見た花の名前を僕達はまだ知らない。』（2011年）でブレイク。脚本家として数々のヒット作に関わった後、2018年の劇場アニメ『さよならの朝に約束の花をかざろう』で監督デビュー。エモーショナルな青春描写で人気。

＊8　『荒ぶる季節の乙女どもよ。』｜岡田麿里原作、絵本奈央漫画で、2017年～2019年に『別冊少年マガジン』で連載された漫画。2019年にテレビアニメ化。高校の文芸部に所属する女子5人が性に悩む姿が描かれる。

てるとき、コミュニケーション・ゲームが調子いいときだよね、くらいに思って、なるべくそういう状態を目指す程度に思っていてください。

ラジオネーム・おおのぼりさん、どうでしょうか。モテとはちょっと違う話のようで、遠回りですが、実は真っ正面から取り組んで答えてみました。小手先のテクニックで、一緒にいて空虚な気持ちになる人にモテても意味がない。一緒にいてホントに楽しい人を見つけるには、こういう方法の方がいいと思うんですが、いかがでしょう?

COLUMN ②
「集中力」は「無視力」

「集中力がない」って嘆《なげ》きたくなること、ありますよね。やるべきことがほかにあるのに、スマホをしょっちゅう開いてしまう、とか。

しかし、腕力《わんりよく》とか脚力《きやくりよく》、っていうなら数字で計れそうだし、なんとなく鍛《きた》える方法とかもわかりますが、集中力。私、集中力3万もあるんで！　みたいな人に会ったことないですし、謎《なぞ》の力ですよね。

さて。私はラジオ、イベントの司会、取材など、1日に多いときは4〜5回の「本番」があることもあります。これが、めちゃくちゃ集中できるんです。本番はその場その場のことしか考えません。全力で、いま、この場を楽しく、意義があるものにすることしか考えていない。もちろん、事前にゲストの下調べをしたり、準備はしますが、本番の場にいたら、その事前準備していたこと自体を忘れることも。でも、その方が結果がいいことがほとんどです。前後のことは考えずに、その瞬間《しゅんかん》に没頭《ぼっとう》することの繰《く》り返しなんですね。目の前のことだけにパッと全神経を向けるのって、めちゃくちゃ気持ちいいんですよね……！

翻《ひるがえ》って。私は自宅では仕事がまったくできない人間です。会社員としてよろしくないことではありますが、会社の中も割とダメ。なのに、喫茶店《きっさ》だとすごくはかどる。集中できます。雑音があるとかないとか、そういうことはどうもあまり関係がなさそうです。これは学生時代からそうで、家ではほとんど勉強ができず、いつも自習室に出かけて勉強するようにしていました。

本番以外ではこれだけ集中力のない自分をなんとかしたいというのもあり、はたと集中とはなんだろうと、本気で考えてみました。そもそも集中力という言葉が謎ですよね。実は言葉ができたところで止まっていて、その正体について考え尽《つ》くされていないのではないか。

なぜ喫茶店や自習室なら集中できて、家ではダメなのでしょうか。

これ、「集中」っていう能力が働いていると言うよりも、「無視」って能力が働いてるんじゃないでしょうか。

たとえば自宅でコーヒーをこぼしてしまったとしたら、慌《あわ》てて机を拭《ふ》いて、カーペットも拭いて、コーヒーカップをキッチンまで片付けて、でもカーペットに残ったシミがなんか気になって、なんとか目立たないように机を移動させてみたり……と、アクシデントによって変化した状況《じょうきょう》が無視できなくなってしまう。なぜなら、その空間にあるものすべてに自分が責任を感じているからです。

でも、喫茶店でちょっとコーヒーをこぼしたりしたくらいじゃ、床《ゆか》までこぼしてしまったとしてもお店の人が拭いてくれて、それ以降は無視できる。その空間に特に責任はないからです。

本番だと、アナウンサーが取り扱《あつか》うべきことは、放送でやりとりされている言葉や感情であって、音声がきれいに録《と》れているかとか、このあとの打ち上げのこととかは、もう、全部他のスタッフに任せてしまえている。やろうとしていること以外のことを「無視」するという能力を発揮できたときに、集中、しているのではないでしょうか。だから、「集中力」はむしろ「無視力」です。

周囲に迷惑《めいわく》をかける人が、実はすごい力を発揮するクリエイターだったりしますよね。それはまわりの迷惑や気《き》遣《づか》いを、場合によっては自分の身体のことまで無視できる人、無視力が高い人、と言えるかもしれません。

集中力を発揮する、という言い方は、なんだか曖昧《あいまい》です。これをスマホを無視する、と決めてしまえば、具体的になりますよね。スマホを切らなければいけない映画館では作品に集中できる。今すぐ確認しなくても良いことを、自分の都合に合わせて扱えるようにしてくれるのが、スマホやネットの良いところですからね。むしろスマホを生かすために、無視する、って決める時間はあっていいかもしれません。

メソッド3

“深刻ごっこ”禁止

WORLDLY WISDOM FOR 14 YEARS OLD

悩みは自分に何をもたらす？

続いてのお悩《なや》み。

ラジオネーム・トラベラーさんより。

【お悩み③】

「ぼくは今中学3年で、サッカー部に所属しているのですが、先日後輩《こうはい》がレギュラーに選ばれ、ぼくは落とされてしまいました。後輩は日ごろから顧問《こもん》や先輩に気に入られていて、ぶっちゃけ実力はたいしたことないと思っています。要領のいい後輩のことが正直ムカつくし、部の中でうまく立ち回れない自分にもイライラします。3年なのにレギュラーを奪《うば》われたことも恥《は》ずかしい。ベンチに入れない3年はぼくだけなんです。死にたいです」

なるほど。後輩にレギュラーを奪われたことで、いろんなマイナス感情がわいてきてしまった、と。悔《くや》しい、恥ずかしい、死にたい。悩み＝深刻ですよね。でも、その気持ちは、トラベラーさんの未来になにかをもたらすのかな？

「みんな悩んで大きくなった」はウソ

世の中には「みんな悩んで大きくなった」という言葉がありますよね。でも、ぼくはその言葉はウソだと思っています。なぜか。人を成長させるのは、悩むことそのものではないと思うからです。

「うーん、どうしよう」と暗くなっていても、事態は何も進展しないし、もちろん自分自身が成長することもない。

それでも、「みんな悩んで大きくなった」という言葉にある種のロマンを感じてしまうのは、それがストーリーとしてはとてもよくできて見えるから。フィクションの世界では「深刻さ」が物語をドライブさせる大きな機能として働くからです。

小説、漫画《まんが》、映画、演劇、アニメ。登場人物たちの葛藤《かっとう》が深ければ深いほどそこにドラマが生まれますよね。シェイクスピア劇[*1]の『ハムレット』には、「生きるべきか、死ぬべきか。それが問題だ」という有名なセリフがあります。劇中だとドラマチックですが、目の前でそんなことを友だちが言い始めたら「いやいや、どう考えても生きるべきですよ」って言っちゃいますよね。そこで主人公が「そっかー。まずは様子見てくるわ!!」なんてサクサク問題解決に当たり始めたら、ほぼコメディですよね。悲劇にはならない。『アドラー心理学で語るハムレット』なんてあったら、話がどんどこ進むんじゃないかなあ。

それはそれとして、悩むから、悲劇として成立する。

実は、悩みとは、深刻さとは、ぼくたちにとってこれ以上ない極上のエンターテインメント、実は楽しいことなんです。今、まさに悩んでる、ストレスを感じている人からすると、ふざけるな、って話かもしれませんが、まぁ、この先を聞いてください。

＊1　シェイクスピア劇｜16世紀後半～17世紀初頭にかけて活躍したイギリスの劇作家、ウィリアム・シェイクスピアの戯曲（ぎきょく）を元にした舞台作品のこと。特に『ハムレット』のほか、『マクベス』『オセロ』『リア王』が四大悲劇と呼ばれている。

深刻さとはエンタメである

深刻さは、エンターテインメント。そしてぼくたちはそのエンターテインメント性を自分の人生にも入れ込《こ》みたい生き物です。

悩んでいる人、深刻な顔をしている人は、人を引きつけます。そこには、意味がある気がするからです。

当たり前のようにサクサク殺人を犯す、悩みのない犯罪者は、ドラマになりません。死刑宣告されても、「はいそうですか」と納得する。留置所の中でも淡々《たんたん》と過ごす。

すべてが平坦《へいたん》に進んでしまったら、それはドラマにはならないですよね。

逆に、深刻ぶるだけで、どんな状況《じょうきょう》でもドラマに仕立て上げることができます。たとえば恋愛《れんあい》。ただ幸せなだけのカップルのなれそめは、披露宴のプロフィールムービーになるくらいで映画になることはないでしょうが、ふたりの交際を親が認めない、という深刻さがひとつ加わったとたん、その恋愛は一気に人の興味を引くラブストーリーになります。

「この結婚は認めない！」と言われたら、本人たちも「私たちは絶対に結ばれるべき運命なんだ」と意味や生きがいをみつけてしまいます。冷静に考えてみれば、お互《たが》い同士じゃなきゃ絶対にいけない理由なんて、本当はないはずなんです。地球上に異性は35億人もいますし。でも、反対されると、お互いじゃなくちゃいけない意味を探し始める。きっと本人たちは、ドラマの主人公になったような気持ちを味わい始めるはずです。

太《だ》宰《ざい》治《おさむ》＊2の短編小説に『トカトントン』というものがあります。主人公が深刻に悩もうとしていると、いつもどこからともなく「トカトントン」というトンカチの音が聞こえてきて、その度に悩みがどうでもよくなってしまうという話。最高です！「生れて、すみません。」＊3なんていう、深刻の極致《きょくち》のフレーズを著作の副題につけてみせたのも、深刻はエンタメだ、とよくわかっていたからなんじゃないでしょうか。

＊2　太宰治｜1909年生まれ、1948年没。小説家。『人間失格』『走れメロス』『斜陽（しゃよう）』など、多くの名作文学を残し、後年に多大な影響を与えた。

＊3　「生れて、すみません」｜太宰治の著作『二十世紀旗手』の冒頭に掲げられた言葉。ちなみに、詩人・寺内寿太郎の作の剽窃（ひょうせつ）ともいわれている。

「人生はクローズアップで見ると悲劇だが、ロングショットで見れば喜劇」というのは、喜劇王チャールズ・チャップリン＊4の名言です。自分自身のことは、意識しないとクローズアップでしか見られません。だからちょっとしたことでも悲劇としてとらえてしまいがち。でも、それはまったく関係ない他人から見たら大爆笑《だいばくしょう》の喜劇かもしれない。

自分の人生を悲劇ととらえるか、喜劇ととらえるか。実は、自分で選択《せんたく》できるんです。

さて、どちらの人生がより楽しそうでしょうか？

もうおわかりだと思いますが、私は自分の人生は喜劇であってほしいと思っています。

そんな人生に意味があるかないかは、最後まで生きてみないとわからない。ただ、かなり多くの人が、無意識に悲劇を選んでいるなぁ、と思います。

「孤独《こどく》は生まれてから塵《ちり》に帰るまでの苦い贅沢《ぜいたく》品」（『25時のバカンス』＊5市川春子《いちかわはるこ》著／講談社）というセリフを見てびっくりしたことがありますが、深刻さとはエンタメ。だから、実は「なくても生きていける」ものです。われわれは何時でも深刻さの淵《ふち》から戻《もど》ってこられる。そのことを頭の片隅《かたすみ》に置いておくだけで、生きることが少し楽になるような気がしませんか。

＊4　チャールズ・チャップリン｜1889年生まれ、1977年没。イギリス出身の映画俳優、監督。映画黎明（れいめい）期、“小さな放浪者”と呼ばれる浮浪者スタイルで、数々のコメディに出演し、スターに。社会的弱者への視点も盛り込んだヒューマニズムあふれる作風は、現代も評価され続けている。

＊5　『25時のバカンス』｜『25時のバカンス　市川春子作品集Ⅱ』に収録されている中編漫画。深海生物の研究者の女性とその弟とのひと夏の交感が、独創的な世界観で描かれたファンタジー。

決断だけが、人を成長させる

そして「みんな悩んで大きくなった」はウソだとする。

では、どんなときに成長するんでしょうか？

決断したときです。決断と行動だけが人を成長させる。

大人の世界でも、仕事ができる人はどんどんこなして悩んでいないように見えます。それは、仕事ができるから悩みがないのではなくて、悩まないから仕事が進むんですね。

そして、仕事とは決断の連続です。

『嫌われる勇気』の著者であり、アドラー心理学の研究者として著名な岸見《きしみ》一郎《いちろう》*6先生にお会いしたとき、「悩むのは、決めないためだ」ということをおっしゃっていました。決断すれば悩みは消える。

仮に「成績が悪い」という悩みがあったとしましょう。それに対して、いくら悩んで

*6　**岸見一郎**｜1956年生まれ。哲学者、心理学者。1989年からアドラー心理学を研究し、2013年刊行の『嫌われる勇気』（古賀史健との共著）がベストセラーに。

いても成績が悪いという事態は変わりません。

では「成績を上げるために、毎日、帰ってから5時間机に向かう」と決断してしまえば、あとはもうやるかやらないか、です。その結果、友だちと遊べなくて困る、とか、寝《ね》る時間がなくて困る、なんてことがあるかもしれませんが、それは悩みではありません。「困る」と「悩む」は違います。

決断して行動した結果、期待したのとは違う結果が導かれてしまう可能性はもちろんあります。友だちと疎遠《そえん》になるとか。新たな問題に出会ったら、また決断して、行動しする。勉強はもういいやってなれば、やめればいい。一つひとつ困ったときに決断をすることで、次に困ったときに選べる手段が増えます。それが、成長です。

ぼくだって毎日のようにトラブル続きですが、別に悩んでいません。「じゃあ、こうしましょう」と決断していくほかないからです。まずはやりましょう。やってダメだったら閉じましょう。それだけです。

とにかく、決めてしまえば、あとはやるしかなくなります。深刻ぶらなくても、人は成長します。

承認を目的とすることはできない

ではなぜ、人は自らの人生に深刻さ＝意味を求めてしまうのか、ですが、それは、認められたら、みんなやっぱりうれしいからです。それを今よく言う言葉で言えば、承認欲求。自分は特別な存在だと誰かに認めてもらいたい。この気持ちは、誰しもが持っている不変の心理だと思います。

褒《ほ》められたらうれしいのは、大人も子どもも、昔の人も今の人も一緒。だからその気持ちを金輪際無くそうというのは、無理だと思います。
え、でも無くならないものなのに、求めてはいけない、ってどういうことでしょう？
承認欲求はあっても、承認欲求そのものを目的にしてはいけないのです。

どんな人にでも承認欲求がある、と深く感じたエピソードがあります。ある映画監督《かんとく》について、聞いた話です。その監督は、いくつも有名なシリーズを手掛け、賞もたくさん手にしているし、興行面でも日本映画史に残る記録を打ち立てている大御所《おおごしょ》監督です。そんなすごい監督の作品を、あるとき、若手の人気監督が賞賛した。それが人づてに大御所監督本人の耳に入った際、彼は非常にうれしそうな反応を見せたのだとか。

どんな大御所でも、結果を残してきた人でも、それでも人から褒められたら、うれしい。承認欲求はなくなっていません。

ただ、その大御所監督は決して誰かに褒められるために、映画を作っていたわけではないと思います。承認欲求が目標ではなく、自分がやりたいことが先にあった。それをやりきったときに、ときおり、偶然《ぐうぜん》承認欲求が満たされることがある。

そう、「やりきる」ことが承認欲求の呪縛《じゅばく》から逃《のが》れる唯一《ゆいいつ》の解決手段なんです。これについては、後ほど詳《くわ》しく説明します。

きみが不機嫌《ふきげん》になるのはなぜ？

深刻にとらえることによって、あなたの人生に意味は生まれるかもしれませんが、同時に害も生まれます。主に対人関係の面で、です。

深刻だったり悩んでいるときは、深いところでは楽しんでいると思いますが、同時に、ストレスを感じていることも確かです。イライラする。不機嫌になる。こんなネガティブ感情なんて、なければいいのに。でも、この不機嫌さが何のためにあるのか、考えたことがありますか？　また、アドラー心理学の考え方で恐縮《きょうしゅく》ですが、ネガティブ感情は、「人に言うことを聞かせる」ためにあるんです。

え、そんなつもりはないって？　とりあえず、自分のことは置いておいて、冷静に見てみてください。人生はロングショットで見れば、喜劇。

不機嫌な人の言うことって、理屈《りくつ》も何もなく聞かなきゃいけないような気がしません？　たとえば赤ちゃんって「眠《ねむ》い」とか「お腹《なか》減った」とか「おしっこがでた」とか大泣きすることで、周りにネガティブ感情を発信しますよね。それによって、親や周りの大人たちが動く。赤ちゃんじゃなくても、不機嫌さってこれと一緒なんです。ネガティブ感情は人を動かすために使われる感情。周囲の人に言うことを聞かせたいから、不機嫌な態度をとる。今度は、自分が不機嫌なときを思い起こしてください。そういうときって、うまくいかないから、無理矢理、自分以外の何かを動かそうとしているときじゃありませんか？

ただ、赤ちゃんならともかく、自分で感情をコントロールできる歳《とし》になってからも不機嫌さで周囲を動かそうとする人って、ちょっとカッコ悪い気もします。それによって動かされた周りも、なんだか嫌な気持ちになってしまうはず。だいたい都合が悪いときに周囲を動かそうとするのって、犬だってやることです。飼い犬もすれ違う犬に対して、怒ってますよね。

短期的には不機嫌で人を動かす方法が有効なときもまれにあるかもしれませんが、実際はどうにもならないことの方が多いですよね。

今回の相談「3年生でひとりだけレギュラーから外されて、イライラして死にたい」というのもそうです。いくらイライラして不機嫌になったところで、「きみが不機嫌にならないように、明日からレギュラーにしようか」なんていう展開にはなりませんよね。だったら死にたくなるだけ無駄なんです。

たとえ周りが動いてくれたとしても、実力じゃなくネガティブ感情による結果だったら、ネガティブ感情が消えた後は、その地位がなくなるはずです。そうすると、ネガティブ感情にとらわれ続けることになる。どうでしょう、どういう気持ちですか？

「他人じゃなくて、できない自分自身にイライラしている」という言い方もあるかもしれません。「自分はもっとできなきゃいけないのに、どうしてダメなんだ！」。高い目標を課して、できないことを認識して行動することはとてもよいことだと思いますが、その間に「不機嫌になる」というステップを挟《はさ》むことはまったくの無駄です。

2019年に開かれた「JAXA*7シンポジウム」で、國中均《くになかひとし》所長、宇宙飛行士の金《かな》井《い》宣茂《のりしげ》*8さんらに小惑星《しょうわくせい》探査機の「はやぶさ」の話をうかがったことがあります。プロフェッショナルそれぞれの立場から非常に面白い話が聞けたのですが、宇宙を股《また》にかけるプロジェクトですから、計画通りにいかなかったことがたくさんあったそうです。ただ、たとえば不具合が起きたときに、「ぼくはこんなに一生懸命《けんめい》やってるのに、『はやぶさ』がいうことを聞かない。なぜだーーー!!」って怒《おこ》ったとしても、物理法則は何も変わらないわけです。人間相手ならまだしも、自然や宇宙や物理法則に対して怒るなんて、ま

*7　**JAXA**｜国立研究開発法人宇宙航空研究開発機構。2010年に小惑星からのサンプルリターンを世界で初めて成功させた「はやぶさ」の帰還(きかん)オペレーションで注目された。

*8　**金井宣茂**｜1976年生まれ。JAXA宇宙飛行士、医師。2017年～2018年、国際宇宙ステーションに長期滞在。

ったく意味のない行為《こうい》。それによって自分自身も余計嫌な気持ちになるだけです。ですから、プロフェッショナル集団のＪＡＸＡの皆《みな》さんは、多少都合が悪いことがあっても、嘆《なげ》き悲しんでいる人はいませんでした。すぐ、「これからどうするか」という行動に移ります。

不機嫌や深刻さやネガティブ感情のメリットって、百害あって０・１利くらいしかないと、ぼくは思います。

そもそもすごい結果を残すとか、昨日より成長した自分にならなければいけない、みたいな目標って、誰しもに絶対に必要なものとは限らないとも思っています。求めて得られる保証はないわけですし。私は、ハイパーパフォーマンスまったく関係ない主義者です。オリンピック選手のように壮大《そうだい》な目標を立てることもありません。数年後こうなっていたいから、その目標から逆算して行動する、なんてこともやらない。ゆえに結果につながらなかったとしても、そのときやりきって没頭《ぼっとう》していられればそれでいいという大前提で生きています。だから、怒ったり悩んだりする必要がない。でも、結果を求めずに、やるべきことをやりきったときに、突然《とつぜん》報われることが、かえってあったりもするのです。

……って、こんなことを推奨《すいしょう》すると、偉《えら》い人からは怒られてしまいそうですが、自分の人生にとってそのネガティブ感情は本当に必要なのか、イライラが襲《おそ》ってきたら一度考えてみてもいいかもしれません。

まとめ

・深刻さとはエンタメである
・悩むのは、自分の楽しみのため
・人が成長するのは、悩みによってではなく、決断と行動によって
・不機嫌は人を都合良く動かそうとしているから

どうでしょう、多少は悩むこと自体がバカバカしい気持ちになりましたか？

ここからは、実践《じっせん》編！　そうは思っても、悩んでしまいそうになったときはどうすれ

ばいいのか。そもそも悩まないようにするためには具体的にどうすればいいか、を考えていきましょう。

実践編①　バンザイして悩んでみよう

「悩んでも仕方ないから、今日から悩まないようにしましょう」とは、なかなか割り切れませんよね。繰《く》り返しになりますが、それはこの本で禁止している精神論ですよね。まずは悩まないための超《ちょう》実践的な対処法をお伝えします。

メソッド１でもふれた『どうすれば幸せになれるか科学的に考えてみた』という本で、共著者の石川先生と感情コントロールについての話をしたことがありました。

学生時代、ラクロス部だった石川先生は、なかなかレギュラーになれなかった。そのとき先輩から「お前は自分がダメだって本気で思っていない。人は自分はダメだって本気で思えたときにはじめて成長するんだ」ということを言われたのだそうです。石川さんの明るい人格が滲《にじ》んでるエピソードですよね。さらに石川先生がユニークなのが、この言葉に「確かに！」と素直に感銘《かんめい》を受けて、真面目に落ち込んでみようと考えたのだそうです。

とはいえ、本当は悩んでない。そこで何をしたかというと……「階段に座って下を向いてみた」。完全なる、単なるポーズです。でも、そのポーズを続けているとだんだん本当に落ち込んだ気持ちになってきたのだそうです。そして落ち込み続けるうちに自分のプレーのどこがダメだったかが見えてきたとか……。さすが！　石川さんは研究者ですから、こういう行動に出るわけです。

この例を逆手にとって、すごく単純に悩みを解消する方法を思いつきました。ポーズから入って悩みをうやむやにしてしまう方法です。

何か悩みが襲ってきたら、とりあえず両手を挙げてバンザイした状態で悩んでみましょう。

そのまま自分は何について悩んでいるかを口に出して話してみてください。

――どうです？　案外難しくないでしょうか？

ただ両手をバンザイしているだけでなぜか暗くなれない。実は、悩みってそういうものなんです。「悩まないようにする」っていうのは、一見難しいことのように聞こえますが、実はすごく簡単。思考は行動についてくる。

メソッド1で、アドラー心理学から引用した、「性格は変えられる。性格が変わらないというのは、性格を変えないという決断を常にし続けているだけだ」という考え方がありました。

ぼくたちは自分の意志で行動することができる。そしてその人の性格は行動によってのみ判断されます。性格とは、行動のこと。行動を変えられるということは、性格はいくらでも変えることができるんです。

本当は早起きが苦手な人間だったとしても、努力で毎朝早起きを続けていれば、それはもう「早起きする人」でしかありません。

自分は暗い人間だから、悩んでしまうのは仕方ない、と思っている人。どうでしょうか？　悩みが生まれる度に両手を挙げて大声でその内容を叫《さけ》んでいたら、暗いどころか、面白い人ですよ。

実践編② 悩みから「暗くなる」をとっぱらってみる

「悩み」って、なんか壮大ですよね。悩み＝「暗くなる」とセットと考えてしまいがちですが、でも、その感情は絶対に必要なものなのでしょうか？　暗くなる、悲観する、未来を悪い方に想像する、思考停止する……そんな余計なアラを全部スポッと外して本質と向き合ってみると、悩みの本体である、「困っていること」が見えてきます。意外に「あれ？　容量たったこれだけだったっけ？」となったりする。容量が小さく、軽くなれば、問題解決のための行動に移しやすくなる。

もちろん行動した結果、必ずしもうまくいくとは限らない。それに、行動のとりようのないこともあるかもしれません。それこそ、どうしようもないことはどうしようもない、悩んでも何も起きないのです。手の出しようがあることに対して、とにかく何をするかを決めれば、先に進めます。そこで仮にうまくいかなくても、その結果をちゃんと受け止める。それが、成長につながります。次に困ったときに、行動の選択肢《せんたくし》が増えているはずです。その間に「悩む」を挟む必要はない。

目の前の課題解決を続けていけば、悩まなくても人は成長する。

悩みへの対処法って、メソッド1で紹介した「とにかくやってみる」と、つながってるんですよね。

実践編③　適度に〝深刻ごっこ〟を楽しむ

深刻さとはエンタメである。だから、なくてもいいんですが、あったら楽しいわけです。自分とその周りには深刻さはない方が良いと思いますが、逆に、言いようもなく惹《ひ》かれる対象に、いても立ってもいられないような感情を解放するのは、人生の醍醐《だいご》味《み》です。

たとえば私だと、アニメやアイドルにはまって、コンサートで感動して滂沱《ぼうだ》の涙《なみだ》を流したりする。他人から見たら一体何をそんなにと思うかもしれませんが、本人はそこに打ち震《ふる》えています。

それが、好きなスポーツチームを応援することだったり、盆栽《ぼんさい》であってもいいと思います。その世界を知らない人から見るとただの植物に見えるかもしれませんし、何の価値も見いだせないかもしれませんが、本人たちは丹精《たんせい》込めて世話をし、その出来映えに一喜一憂《いちゆう》する。すごくクリエイティブです。

趣味までいかない小さなこだわりでももちろんOK。ぼくはスマホなどのガジェットやバッグなどの持ち物を、けっこう思い入れを持って選ぶタイプですが、他人から見たら超どうでもいいことだと思います。でもぼくにとっては、「いつも持っているこのバッグの性能って、こうでね……」とかめちゃくちゃ大事だし、人に語りたい。

ただ、ここで重要なのは、「人の顔色をみて、自分が楽しく感じることを変えない」ことと、「無理矢理、人に自分のこだわりを伝えない」こと。深刻をひっそりと楽しむのはアリです。ただし、それは、他人に強制してはいけない。どんなに仲の良い友人や家族であっても。むしろ、自分の深刻さを踏《ふ》み絵に、家族や友人の気持ちを、試してはいけません。

実践編④　悩むの禁止

ちょっと話が壮大になってしまいましたが、ごくごくシンプルに言うと、人生を楽しく過ごそうと思ったら「悩むの禁止」なんです。悩まないなんてできないって？　いいえ。そんなことはありません。それは、悩みがない人って、なんだか軽い人間のように思えるからじゃないですか？

でも、それってメソッド1でお話ししたプライドともつながる話。

「何悩んでるの、それって人から重要だと思われたいんだ？」

「何か意味がある人生を送っている人だと思われたいんでしょ？」

ちょっといじわるな言い方かもしれませんが、どうでしょう？　ちなみにぼくは今現在まったく悩んでいません。人から重要視されたいと思っていないからです。

ぼくは人生に意味があるかないかは考えてもわからないと思っているし、人を思い通りにできるとも思っていません。何か予想外のことが起きたとしても、不安じゃなく、好奇《こうき》心《しん》の方が動きます。だから悩まない。

「え？　どういうこと？」って心が動くことが純粋《じゅんすい》に楽しいんです。自分の人生を喜劇だと思えば、予定にない出来事は大体笑える出来事です。思い通りにならなくて、当たり前！　深刻になる必要なんて、まったくなし！

実践編⑤　やりきることを目的にする

悩みなく、毎日を本当の意味で気ままに過ごせていたら、それが一番です。ただ、それが出来る上等な人ばかりじゃない。特に私なんか、気ままに過ごしていると不安になっちゃう、貧乏性《びんぼうしょう》です。承認欲求を捨てられてない、ってことなんでしょうね。

では、人間である以上ごく自然な感情である「承認欲求」に対処するには、どうすればいいのでしょうか？

ここ最近になって、やっとわかってきたのですが、他人からの評価は目的に出来ないんですが、「やりきる」ことを目標にすることはできるんです。それが対処法。

評論家の宇野常寛《うのつねひろ》＊9さんは、かつて、仮面ライダーと村上春樹《むらかみはるき》を同じ俎上《そじょう》に並べて時代を評論した『リトル・ピープルの時代』（幻冬舎《げんとうしゃ》）という本で、一気に注目されました。

仮面ライダーと村上春樹。確かにどんな本なんだろう？　と気になりますよね。

なぜ、宇野さんはそのふたつを本の中で同列に扱《あつか》おうと思ったのか。実は、村上春樹を持ち出したのは、もちろん好きでもあったからだけど、言ってしまえばギミック、仕《し》掛《か》けだったそうなんです。本当は、大好きな仮面ライダーの話を思いっきりしたい。でも仮面ライダー論だけだと興味を持ってくれる人はファンに限られてしまう。もっと広い範囲《はんい》に届けるためには、何かひとつフックが必要だと考えた、と。

そこまでして、宇野さんが仮面ライダー論をみんなに聞いてほしかった理由はなんだったのでしょうか？　評論家として認められたいから？　違います。「仮面ライダーの素晴らしさを広く世界に伝えなければ、俺《おれ》は死ぬって思った」からだそうです。だから

＊9　**宇野常寛**｜1978年生まれ。評論家。『ゼロ年代の想像力』（早川書房）でデビュー。『リトル・ピープルの時代』（幻冬舎）『母性のディストピア』（集英社）などで注目を集めた。ラジオ、テレビなどの討論番組にコメンテーターとしても出演。吉田との共著に『新しい地図の見つけ方』（KADOKAWA）。

やりきった。

少女漫画家の竹宮恵子《たけみやけいこ》*10さんの作品で、『風と木の詩《うた》』*11（小学館）という、BL漫画の金字塔があります。設定、展開ともに今読んでも斬新《ざんしん》な漫画ですが、当時はBLという言葉はおろか、少年同士の恋愛漫画なんていうもの自体、存在しなかった時代です。評価どころか、批判される恐れだってあったわけです。リアルタイムの読者は相当度《ど》肝《ぎも》を抜《ぬ》かれたと思います。

実は竹宮先生は、その話を思いついてから実際に漫画に起こすまで数年間温めていたのだそうです。そして、その間に別の作品を連載《れんさい》されています。

「はっ、思いついた！　この話をどうしても世に伝えなければ！」となったところから、いったん脇《わき》において別の作品を連載したのはどうしてか。それは、今の自分の力では、この物語の面白さは伝えきれないと思ったからなのだそうです。ほかの作品でももっと技量を磨《みが》いてからじゃないと、と考えた。そして、数年経《た》った後に、満を持して『風と木の詩』を手掛けたそうです。その「やりきる」ことへの情熱。圧倒《あっとう》されませんか。

＊10　竹宮惠子｜1950年生まれ。漫画家。1967年に漫画家デビュー。萩尾望都（はぎおもと）、大島弓子（おおしまゆみこ）、山岸凉子（やまぎしりょうこ）ら、同時代の新しい感覚を持つ少女漫画家とともに「24年組」と呼ばれた。

＊11　『風と木の詩』｜1976年～84年に連載された漫画。19世紀フランスの寄宿学校を舞台に、奔放なジルベールと誠実なセルジュというふたりの少年の運命を描く。同性愛、近親相姦（そうかん）など当時のタブーに切り込んだ意欲作。

竹宮先生はどうしても自分の物語を世に出さないことには気がすまなかった。そこには承認欲求なんて小さなものはまったく存在していません。その結果、歴史的な名作が誕生したんですね。やりきったことで、評価がついてきた。

ちょっと大きな話が続きましたね。大きすぎて自分事ととらえにくいかもしれません。もう少し身近な話をしましょうか。ぼくが以前、京都に行ったときのこと。ＳＮＳ映えする赤い鳥居で有名な、伏見《ふしみ》稲荷《いなり》神社を訪れた際、その裏手にある稲荷山に、何の気なしに登ってみたことがありました。

せいぜい５００ｍくらいかなと思って登りはじめたら全然違って、登れども登れども、頂上にたどり着かない。あんまり眺《なが》めがいい山でもない。途中《とちゅう》までの道程ですでに、頂上まで行ってもおそらく小さなお社《やしろ》があるだけという予感がよぎります。周りの観光客が途中であきらめてどんどん降りて行ってしまう中、ぼくは意地になって頂上まで登ったんですが……予想通り、やっぱり何もなかった！

結果３時間くらいの山登りとなってしまったんですが、まあ、それで特に何か〝成果〟

があったかというと、もちろんそんなものはないわけです。でも、ぼく自身は「やりきった」という満足を得られたから、それで全然ＯＫ。成果じゃない。ただの山登りでしたが、自分にとっては最高の体験でした。

そう、こんなことで十分なんです。

この世には、求めて、自分の努力次第で確実に得られるものと、残念ながら求めても得られるかどうかはわからないものがあります。

「やりきった」という達成感は、自分の努力次第でどうにでもなる。でも、他人からの評価は求めても得られるかどうかはわからない。だったら、求めて確実に得られるものの方を目標とした方が精神衛生上いいですよね？

だから、目標はやりきることに絞《しぼ》る。承認欲求はあったとしてもいったん脇に置いておく。その結果、運がよければ承認欲求もついでに満たされるかもしれない。承認欲求とはそのくらいに考えておくべきものです。

これって、メソッド2のコミュニケーションでお話ししたことと同じということにお気づきでしょうか？　他人は自分の期待通りにはならないことを前提として動く。

そしてこの話ってメソッド1の「セルフエスティーム」の形成にもつながります。とにかく挑戦する、やりきる。その積み重ねが、謎《なぞ》の「自分は大丈夫感」につながっていきます。誰にも褒められないことをやりきったときの謎の誇《ほこ》らしさが、セルフエスティームです。

実践編⑥　他人に期待しない

承認欲求について、アドラー心理学からもうひとつ紹介したい考え方があります。

アドラー心理学では、他人と自分の課題の切り分けを行うことを要求します。他人の気持ちは自分の努力ではどうにもなりません。だからそこはしっかり切り分けて考える。自分は自分の課題だけに集中し、その範囲《はんい》を見誤らない。

はっきり言ってしまうと、他人には期待しないということですね。

承認欲求とは、他人に認められたいという気持ちです。最初から他人に期待しなければ、承認欲求も発生しません。

こういうと、なんか冷たい感じがしますか？

以前、アドラー心理学を専門にされている向後《こうご》千《ち》春《はる》先生[*12]に、「アドラー心理学って冷たいって言われませんか？」と聞いたことがあります。向後先生からは、「そりゃあ冷たいよね。でも、それはしょうがないんじゃない。『やさしくきっぱり』がアドラーだもの」という答えが返ってきました。

やさしいけど、なあなあではないのがアドラー心理学。ぼくはそこがとてもエレガントな心理学だと思います。

実践編⑦　愛嬌《あいきょう》最強説

最後に、今現在「深刻ごっこ」に陥《おちい》っている人に唱えたいのが「愛嬌最強説」です。

＊12　**向後千春**｜1958年生まれ。博士（教育学）。教育工学、教育心理学、アドラー心理学を専門に研究。著書に『人生の迷いが消える アドラー心理学のススメ』（技術評論社）など。吉田との共著に『アドラー式「しない」子育て』（白泉社）。

ここまでなんだかんだ理屈《りくつ》をこねくり回してきましたが、全部すっ飛ばしても、それひとつさえあればすべて許されてしまう能力が「愛嬌」！

この人が言うと許せるけど、ほかの人に同じことを言われるとすごく腹立つ……みたいなこと、ありますよね。この差が愛嬌。

では、愛嬌があるって、どういう人でしょうか。

まずは底なしに幸せそうな人。プリッとお尻《しり》を出せそうな大人。全裸《ぜんら》で平気な人……このあたりは愛嬌がありそうです。子どもなんて、まさにそう。こう見ると、プライドとは相反する感じはすごくしますよね。

愛嬌＝逆プライド。

ただプライドを捨てろ、というよりも「逆プライドを持て」という言い方にしましょうか。みんなに「いや、それ自慢《じまん》されても」って思われるような、どうでもいいことを積極的にアピールする。

芸人さんには、一般《いっぱん》的にはコンプレックスと言われるようなところを逆手にとって、人気者になっている方、多いですよね。ソフトバンクの孫正義《そんまさよし》*13さんもご自身の頭髪《とうはつ》のことをいじられることで有名だったりします。あんなに成功していて、めちゃくちゃお金持ちで、ぼくたちからすれば雲の上の人にも等しい存在。でも、「髪《かみ》の毛が後退しているのではない。私が前進しているのである」なんてTwitterでつぶやいたりする。とたんにお金持ちに対する「けっ！」という気持ちは消えて、なんだかすごく身近な存在に感じてしまいます。

イケメンや美女に「実は足が臭《くさ》いんです」って言われたら、すごくチャーミングだと思いませんか。

コンプレックス、あったらむしろラッキーなぐらい。

というわけで、ラジオネーム・トラベラーさん。

むすっとしたり、イライラしたりするのは時間の無駄で、周囲に迷惑です。イライラしている時間があったら、自分で達成可能な目標を設定し、それにむけてやりきったほ

＊13　孫正義｜1957年生まれ。ソフトバンクグループ株式会社代表取締役会長兼社長をはじめ、数々の肩書を持つ、現在の日本を代表する実業家。

うがいい。そういう姿をチームもコーチもきっと見ているはずです。承認欲求はあくまでも結果。どうか目の前にある、すべきことに邁進《まいしん》してほしいと思います。

COLUMN ③ 引き出しを増やす方法

引き出し。プロっぽい言い方ですね。対応できる分野、とでも言いましょうか。

ラジオのアナウンサーって、話す相手がミュージシャンから昨日デビューした中学生アイドルだったりとか、はたまた政治家だったりすることもあって、引き出しが割と重要です。

この引き出し、具体的に増やす方法があります。

すごく簡単。アウトプットすることです。

本でも漫画《まんが》でも、人から話を聞くときも、なんなら日常で目にするふとした風景も、アウトプットに慣れていると、インプットの形が変わります。出荷の形まで考えて、入荷することになります。私はラジオパーソナリティになってから、ものの見方が変わりました。情報が記《き》憶《おく》に残りやすいんです。

２０１９年に、この本の打ち合わせのために河出《かわで》書房新社《しょぼうしんしゃ》を訪れていたときには会議室の窓から今まさに完成に近づきつつある新国立競技場がよく見えました。１年前に訪れたときは、まだ骨組みの状態でした。普通《ふつう》に考えると、あー出来てきてるなー、ぐらいの感想になると思いますが、その時期、オリンピックの話題になることが多かったから、本番までの時間が近づいてきたな、ということを表現するときに、この出来ていくことが使えるな、と無意識に思っているわけですね。そうなると、新国立競技場の目の前には嘉納治五郎《かのうじごろう》とクーベルタンの像が立っていた、なんて見過ごしてしまいそうなことも、いつの間にか記憶に残ってるんですよね。

以前、ネット掲示板に上がっていた「Google社員だけど質問ある!?」というスレッドに、「頭がよくなる方法ってありますか?」という質問があって、真偽《しんぎ》は確かめようがないですが、社員だという人が答えていたのが、「いっぱい本を読んで、いっぱいブログを書くこと」というものでした。本当にそうだなと思います。

インプットするだけで満足してしまっては、記憶に刻まれにくい。ブログでも、ポッドキャストでも、なんなら家族の誰かに話すためでもなんでもいいと思いますが、読んで書いて、

読んで書いて、もしくは聞いて話して、聞いて話してを繰り返す。これも単にやりきることが重要なので、たとえブログの読者がたったひとり、とかでも全然いい。「いいね」なんてもらえなくてもいいんです。

アウトプットする癖《くせ》をつけると、インプットの質が劇的に変わってくる。引き出し、どんどん増えますよ。

これを繰り返していたら、私は興味のある分野が増えすぎて、何かを見たらなんらかの興味が生まれてしまうようになっていて、時間がまったく足りないのです……！

が、これって幸せなことですよね!?

メソッド4

「面白そう！」さえあれば、人生は大丈夫

WORLDLY WISDOM FOR 14 YEARS OLD

「夢を持て」って言うけれど

夢、好奇《こうき》心《しん》。大人って、簡単に言いますよね。大切なら、むしろ簡単に口にして欲しくないものですが。最終章では、夢や好奇心についてのお悩《なや》みをピックアップしてみました。

夢、と聞くだけであーもうー、道徳ー！　とアレルギーを起こしてしまう人もいるかと思いますが、まずは、お悩みから。

ラジオネーム・エコロ。さん。

【お悩み④】

「私にはやりたいことがないんです。将来、何になりたいかも全然わかりません。毎日そのことでモヤモヤしてしまいます。このまま高校・大学と普《ふ》通《つう》に進学して、普通に生きていくんだろうな、とはなんとなく思っています。でも友だちの中には、ちゃんと将来なりたいものがあって、そのために努力を始めている人もいる。めちゃくちゃ焦《あせ》ります。やりたいことって、どうすれば見つけることができるんでしょうか？」

やりたいことが見つからない。これって、本当にたくさんの人が悩んでいることだと思います。なのに、大人は「もっと夢を持て」「なんでもやりたいことをやれ」とだけ言ってくる。多分好意なんでしょうけど、その割には自分がどうなのか、そしてやりたいことの見つけ方は教えてくれない。

夢（この言い方、あんまり好きじゃないですけどね）とか好奇心って、なんなのでしょうか？　見つけようと思って見つかるものなのでしょうか？

１００個やって、どれか１個ハマればラッキー

「夢を持て」「好奇心を持て」。世間で当たり前のように言われていることですが、大人

ってつまらない言い方をしますよね。

これもこの本で禁止している具体的じゃない命令形。ホームラン王になれ、「to be」で言うんじゃなくて、ホームランを打つ方法、「how to」を知ることが大切。

正直、「好奇心」はめちゃくちゃ大切だと思いますが、「夢」は、つまんない大人に「将来の夢は何？」と聞かれたときに答える用の想定回答として持ってれば充分《じゅうぶん》じゃないですか？　さて、好奇心とはどんなもので、どうやったら身につくでしょう？

好奇心を持て、と言われるということは、持っていない、ってことなんでしょう。さて、でも私はほとんどの人は、好奇心があるのに、その気持ちを持つことを自分で禁じているんじゃないかと思っています。

好奇心とは、「疑問」を持つことです。ただ、疑問を持つことを無意識に自分に禁止している人が多いのです。

それは無意味な疑問で全然いいんです。誰《だれ》に発表する必要もないものなのだから、何も、「この宇宙の成り立ちは……」なんて、壮大《そうだい》な疑問じゃなきゃいけないわけじゃない（もちろん、どんなに壮大な疑問でもいいわけですが）。そもそも疑問に思ったことは純粋《じゅんすい》に疑問なんであって、そこに優劣《ゆうれつ》なんてないはずなんです。

「興味があることなんて特にない」なんていう人も、「疑問」で考えてみるとどうでしょうか？　何も深く考える必要はありません。ちょっと顔を上げて周りを見回してみるだけでも、日常の何気ない疑問って、結構わいてきませんか？

　たとえば、いつも飲んでいるジュースのペットボトル。何からどうやって作られているか知っていますか？　サッカーって、どうして11人でプレーするんでしょうか？　蚊《か》って、なんであんなに不快な音を立てて飛んでくるのでしょうか？　ジャニーズって、なぜ組織力が強いんでしょうか？　今開いているこの本って、どうやって印刷されているんでしょうか？　あれ？　デジタル版の場合って、データどうやってるの？

　ぼくたちの身の周りは、わからないことだらけなんです。疑問が多すぎる。その結果、「全部知らなくても一緒《いっしょ》だ」になってしまう。もちろんその一つひとつを全部知ることはできないし、知らなくても生きていける。知らないことをそのまま無視することもできる。

だったら逆になんでもいいから、まずはとりあえず目についた中から何かひとつ疑問をピックアップして、本でもインターネットでもいいし、誰かに聞いてもいいから、その先を追求してみると、いいと思いますよ。

たとえば蚊について気になったので、とりあえずウィキペディアで検索してみたとします。いきなり、「最も古い化石は、1億7000万年まえの中生代ジュラ紀の地層から発見された」なんて書いてある。「蚊って、人間よりも昔からいるのかよ？」と、その瞬間《しゅんかん》、蚊についての見方がちょっと変わりませんか？　そこから、さらにジュラ紀について調べたりしたくなったりするかもしれない。何で「ジュラ」って言うんでしょう？　……調べてみました。あ、ジュラって、ドイツやフランスにあるジュラ山脈、から来てて、白亜紀《はくあき》、って言いますけど、「白亜」ってチョークのことなんですって。チョークの取れる地層だったから、白亜紀。へー！！

＊1　水島新司｜1939年生まれ。『野球狂の詩』『ドカベン』『あぶさん』など、野球をテーマにした漫画の名作を数多く生み出した、野球漫画家の第一人者。

＊2　『ドカベン』｜1972年〜81年、『週刊少年チャンピオン』（秋田書店）で連載された野球漫画の金字塔（きんじとう）。ドカベンこと山田太郎を主人公に、高校野球に青春をささげる少年たちの姿をリアルに描き、大ヒットとなった。

別に学者になりたいわけじゃないし、そんなこと調べても意味ないって？

そうだと思います！　でも、へー、って言えましたよね。以上！　その知識が役に立つかどうかなんて誰にもわかりませんし、もっと言えば、役に立つとか立たないとか、まったく関係ない。今知りたいかどうかがすべてでいいんです。やりきりましょう。

ぼく自身は中学〜予備校生くらいまでの間、神保町に通ってひたすら漫画《まんが》を買いあさっている時期がありました。でもそれも別に漫画家になりたいからとかではまったくなく、読まずにはいられなかっただけ。水島新司《みずしましんじ》＊1が面白いって聞いて『ドカベン』＊2（秋田書店）を読み始めたら、最初は野球漫画じゃなくて柔道漫画だったことにびっくりし、続きの『大甲子園《だいこうしえん》』＊3（秋田書店）を読みはじめたら、途中で『大甲子園』の前に『ダントツ』＊4（秋田書店）っていうのがあるから、順番的にこっちから読まないと……！　みたいな感じでどんどんつながっていって、終わりがない。次々に新発見がある。

気づいていないだけでこの世の中は驚《おどろ》きに満ちているんです。「えっ！」の連続。そしてそれは、どんなきっかけでもいいからその世界に入ってみないとわからない。あれ？　これって、メソッド2のコミュニケーションでもお話しした気がしますね。人間

＊3　**『大甲子園』**｜『ドカベン』の続編として、1983年〜87年、『週刊少年チャンピオン』で連載された。引き続き山田太郎を主人公としながらも、作者・水島がそれまで手掛けてきた他の野球漫画の登場人物たちも登場。水島自身が“水島高校野球漫画の集大成”と呼ぶ作品でもある。

＊4　**『ダントツ』**｜1982年〜83年、『週刊少年チャンピオン』で連載。水島が、『大甲子園』の連載を開始するためのプレストーリーとして執筆された。弱小野球部監督に就任したダントツこと三郎丸三郎が、チームを甲子園へ導くため奮闘（ふんとう）する。『ドカベン』、『球道くん』などの世界観を継ぐ。

も一緒。質問することで、思いもよらなかった興味がわいてくるんです。

勉強だってそうです。たとえば日本史・世界史は、暗記科目じゃないですよ、とんでもないゴシップの塊《かたまり》とも言えます。「源頼朝《みなもとよりとも》と源義経《よしつね》の兄弟って、仲良かったのにいつの間に仲違いしていたんだろう？　兄弟なのに？　いや、兄弟だから？」という疑問から入れば、芸能人のケンカのゴシップはなぜか自然に身についてしまうように、どんどん入ってくる。学問って、そういう風にはじまったんじゃないですかね？

私の例で言うと、選挙特番の担当になったことがありました。この軽いおじさんが！　そこでまず思ったのは、選挙について勉強なんかイヤだー、ではなく、あんなにみんなが熱狂《ねっきょう》して、大の大人が全力で泣き笑いする選挙って、なんか不思議で面白い。これは「選挙のルールってどうなってるんだろう？　調べてみたい！」とまず疑問を持ちました。でも、選挙ってちょこちょこシステムが変わってて、新聞や雑誌の記事はいろんなプラスアルファの情報がとっても多くて、物事の根本をつかむのが難しい。ので、なにかシンプルに説明してくれるものってないかなー、と思っていたところ、良い本を見つけました。中学校の公民の教科書です。これが、一番無駄《むだ》なくまとまっているな、と。

もちろん上司から「買って読め」って言われたわけじゃありません。あんまり大人が買う本じゃないと思いますが、私にとっては合理的。好奇心、疑問、からスタートすると、ちょっと普通じゃない行動に収まることは、まま、あります。

だから、みんなもっと気分通りに生きていいんです。疑問がわいたことが蚊の構造だっていいし、ジャニーズの組織力の秘密だっていいし（知ってますか、ジャニーズって野球チームの名前だったんですよ）、『Fate/Grand Order』[＊5]のキャラクタープロフィールだっていい。

気が済むまで追求して、飽《あ》きたら別の疑問を追求しはじめる。途中《とちゅう》で「なんかこの疑問ってそこまでじゃないな」と思ったら放り出してしまってもいい。気ままにやっていいんです。なのに、気ままにやること、どうでもいい疑問を持つことを、自分に禁じている人がとても多いな、と思っています。

これを繰り返していると、気がつくと大分遠くまで来ていることがある。それが

＊5　**『Fate/Grand Order』**｜スマートフォン専用ロールプレイングゲーム。『FGO』とも呼ばれる。人類の滅亡（めつぼう）を阻止（そし）するため「マスター」となったプレイヤーが、「サーヴァント」と呼ばれる英霊（えいれい）と共に、その原因となった歴史上の七つの特異点に立ち向かうファンタジー。

「夢」だったということじゃないでしょうか。後付けですよ、夢って。

　そして、興味を持つ対象に、貴賤《きせん》はありません。『超・少年探偵団NEO』[*6]に夢中になってる娘《むすめ》に、正直、「何がそんなにおもしろいんだろう?」と言ってしまえると思いますが、もう、大推奨《すいしょう》。大人のくだらない意見なんて聞かなくていいんです。自分さえ楽しければそれでいい。

　むしろ、他人が興味持たないことに興味を持てたら勝ち。それこそが才能だと思います。どこかの誰かのニッチな興味で、人類自体の知恵《ちえ》が増えたことって、結構あるんですよね。

　ぼくの好きな、缶詰《かんづめ》の歴史の話。

　缶詰って、缶詰自体が発明されてから缶切りが登場するまで、なんと50年以上の開きがあるんです。では、缶切りが登場するまで、みんなどうやって缶詰を開けていたのか。銃剣《じゅうけん》とか金槌《かなづち》でこじ開けていたのだそうです。銃剣って！　缶詰ひとつ開けるだけで、かなりの大ごと。でも、缶詰って、もともとは軍隊の携帯《けいたい》用食料として作られたものな

＊6　**『超・少年探偵団ＮＥＯ』**｜江戸川乱歩（えどがわらんぽ）の小説『少年探偵団』シリーズを、新たな設定でリブートしたショートアニメ。100年後の未来の東京を舞台に、7代目小林少年たちの活躍を描く。

ので、そもそも武器が身近にあることが前提だったんですって。

でも、50年以上常識だった開け方に対して、あるとき誰かが、「これってちょっと不便じゃね？」ってようやく気づいた。本当にそんなに大げさなものなの？　と。そのおかげで、今ぼくたちは銃を使う必要なく、缶詰を食べることができるようになった。なお、缶切りで開けられるようになって初めて、液体も缶に詰めることが出来るようになったとか。確かに、銃剣や金槌で開けてたら、中身飛び散りますもんね……！

歴史の中のどこかで誰かが「缶詰って、本当に銃で開けなきゃダメなの？」という疑問を感じたことが、すべてのきっかけ。後から考えれば、この素朴《そぼく》な思いつきは人類を先に進めた歴史的な発見と言えるかもしれません。

そもそも別に何か成果を残そうなんて考える必要はまったくない。そのとき楽しめるとか、改善したい気持ちがあれば、それでいい。「こんなことに興味を持ったって仕方ない」ということなんてひとつもない。そりゃもう、めちゃくちゃエロいことだったりしてもいい（ただ、人を巻き込《こ》んでいいかは、慎重《しんちょう》に考える必要がありますが）。

だから、やり散らかして全然ＯＫ。たとえばぼくは大学生のときに「大学生＝テニスサークル」というイメージだけで、実際にテニスサークルに入ったことがあるんですが、まあ馴染《なじ》まなかった。でも別にそれが失敗だったとは思いません。死ななかったし。むしろあのとき経験としてやっておいてよかったな、と思っています。

よく、「この道一筋」って言いますけど、リスク高いと思うんですよね。自分の道をひとつに決める、人生をかけて取り組む疑問が、ひとつ目やふたつ目で見つかるのは相当ラッキーです。むしろ、一生見つからなくても、別にいいんじゃないでしょうか。そのときやる気がでることを１００個やって、１個はまるものがあればラッキーですよ。

まずは、日常でふと疑問に思った気持ちをないがしろにしないで、調べてみましょうか。

今しかできないことをやろう

ぼくにとって、アナウンサーになれたことは本当にラッキーだったんですが、別に昔から目指していたわけじゃありません。子どもの頃《ころ》から本当に具体的になりたい職業というのは特になかった。今もそうだと思いますが、大人はとにかく「将来何になりたい？」と聞いてくる。私はこの質問に、一度も「アナウンサーになりたい」と答えたことはありません。この質問って、ぼくは今でも居心地が悪くなるんですが、そんな未来のこと、小中学生ではっきり見えている方が珍《めずら》しくないですか？　今知っている職業のほとんどは、私、大人になってから知ったものですし。

　これも『どうすれば幸せになれるか科学的に考えてみた』のときに、研究者の石川善樹さんにうかがった話ですが、人が本当にやりたいことを見つけることができるのは40歳《さい》くらいなんですって。40歳くらいで志のきっかけみたいなものが見えてきて、50歳くらいで決心が固まる。歴代のノーベル賞受賞を見ると、受賞のコアとなる研究を始める年齢がだいたい40歳前後なんだそうです。

　だから、十代くらいで一生の目標が見えている方が珍しいんだと思います。

「将来何になりたい？」という質問に対して、子どものころのぼくはそのときどきでなんかかっこよさげな職業を答えていました。小学校6年生のときは、「設計技師」。もちろん、何をする職業かなんて具体的には知りません。単に「設計技師」って言葉の響《ひび》きがかっこよかったから。

高校生くらいになってくると、「脚本家《きゃくほんか》」。ちょっと成長してひねりが出てきましたね。「小説家」っていうとなんか安直だから、脚本家。でも、もちろん本気で目指して何かの脚本賞に応募《おうぼ》したりしていたわけではなくて、ただ将来は文章を書けたらいいなーくらいの気持ちからでした。そんな、ただなんかかっこよさげなことを言いたいだけの人間からすると、アナウンサーという職業に就けたことは奇跡《きせき》的な大ラッキーだったわけです。

でも、内定したとたんに、そのプレッシャーに押《お》しつぶされそうになります。アナウンサーになるための訓練をしてきたわけではないから、自信なんて微塵《みじん》もない。アナウンサーとして、みんなに聞いてもらうに値することをしゃべるためには、これから就職するまでのわずかな間に、一番効率的な方法で自分自身が面白くならなければいけないと考えたんですね。あまりに不安だったので現場にいる人、一人ひとりに会いに行ってみようかな、とか夢想して、しかし、いや、迷惑《めいわく》だしな……！　と勝手に諦《あきら》めていました。結局どうなったかというと、そこでレンタルビデオ店のＴＳＵＴＡＹＡに向かって、「どの映画を見れば、一番立派なアナウンサーになれるんだろう」と、考えます。でもどれも決定版とは思えない。そりゃそうです。そんな目的で作られた作品はありませんから。毎日ＴＳＵＴＡＹＡの棚《たな》の前で1日中立ち尽《つ》くして、ビデオを借りることすらせず、帰宅する……ということを半年繰り返していました。また今日も1日何もしなかった、無駄にしたな、と思いながら。それだったら、名作どころかどんな駄作《ださく》でもいいから、片っ端《ぱし》から見ておけばよかったんですよ。

当時のぼくは「立派なアナウンサーになる」という「to be」で動いていたわけです。だから、行動できない。ずーっと不安なまま、悩んでいる。そう、悩みに悩んで、何もしない自分にまた落ち込んで、どんどんウツになってしまいました。

今考えると、もっと外に出て、いろんなことを体験しておけばよかったなと思います。大学3年生までに単位をほとんどとっていたぼくは、大学4年生のときは週6で休みがあった状態でした。合法的に手に入れたモラトリアム[*7]ですよね。このあと社会人になって働くわけなので、わざわざバイトするのもなんだかなあと当時は思っていたんですが、まったくそんなことない。働くというのは、お金を稼《かせ》ぐことだけが目的ではないんです。そこで実際に働くことでしか得られない体験というのは、何にも代え難い貴重なもの。気になるバイトとか全部やっておけばよかったなと、ちょっと後悔しています。

大学3年生のときにコンビニで早朝勤務のバイトをしていたことがあるんですが、そのときの経験が今やたらと役に立っていたりするんですね。コンビニの運営がどうなっているかがわかっている、というのはアナウンサーとして街のレポートをするときにふと役に立ったりする。今だったら、ウーバーイーツのバイトとか、めちゃくちゃやってみたい。自転車大好きだし。

週に6日も休みがあったんだから、何でもできたはずなんです。そんな貴重な時間を

＊7　モラトリアム｜元は金融（きんゆう）用語で、支払猶予（ゆうよ）期間。転じて、主に大学生などが社会人となり自立することを先延ばしにしている状態を指す。

つぶして、なんでお前はTSUTAYAに行くだけで、寝《ね》てばかりいたんだ、と思いますね。

○○をやりたいのか、○○家になりたいのか

もちろん、14歳くらいで、すでに将来の夢がなんとなく決まっている人もいると思います。ひとつだけお伝えしたいのは、ここでも「to be」で動いてしまうと、ロクなことにならないということ。

かつてぼくがなりたい職業として設定していた脚本家でいうと、脚本家になりたいのか、脚本を書きたいのか、の違いです。

脚本を書きたいから、脚本を書いて脚本家と呼ばれる。脚本家になりたいから、脚本を書く。

後者は承認欲求で駆動《くどう》されている、ということにお気づきでしょうか？

脚本家というなんかかっこよさげな職業に就いたら、周りから認めてもらえるに違い

ない。だから、脚本家を目指そう……という動機。

最近、出版社の人から、「新人発掘《はっくつ》のために小説を公募《こうぼ》すると、山のように作品が届く」という話を聞きました。でも、中にはまったく小説を読んでいないような人が応募してきたりもするのだそうです。それは、プロの編集者なら文章を少しでも読めば一発でわかる。小説自体には興味がないのに、小説の世界で認められることはかっこいいから、という気持ちが働いているわけですね。

そして承認欲求とは、他人へ期待する気持ちです。それはプライドへとつながって、やがて不機嫌《ふきげん》の連鎖《れんさ》が起きる……という話はこれまでに何度も繰り返してきました。

「あきらめなければ夢は叶《かな》う」って、耳触りのいい言葉です。

でも、そもそも当たり前のことですが、脚本家や小説家になりたいといくら願っていても、実際に書いていなければいつまでたっても叶うわけがないですよね。宇野常寛《うのつねひろ》さんや竹宮恵子《たけみやけいこ》先生のように、どうしてもこれを世に伝えなければという謎《なぞ》の使命感に動かされて、がむしゃらに書いたら、世間の評価がついてきた——この世に〝夢の叶え方〟というものがあるとしたら、それが王道なんです。

楽しむってなんだろう？

そしてよく言われる万能の言葉、「〇〇を楽しむ」。そもそも楽しむって、何なのでしょうか？　勉強とは対極にあるものな感じがします。音楽を楽しむ。何も考えずに楽しめそうな感じがしますよね。聞いて、ただ生理的に気持ちがいいと思うのも楽しみ方のひとつです。

一方で、同じ音楽を聞きながら「ここでシンセの音を使うの？　しかもこのギターのコードは……」みたいな分析を楽しんでいる人もいたりする。

選挙を楽しむ。これはどうでしょうか？

選挙なんて、こんなにつまらないものはない、という人が大半かもしれませんが、世の中には選挙道楽の人がいます。「今回の比例代表の結果次第では、野党のパワーバランスが云々《うんぬん》」みたいな話をしながら、選挙速報に大興奮していたりする。彼らにとっては選挙が最高に楽しいものなんですね。でも、選挙や政治のシステムを知らない人間からしたら、何が楽しいかはさっぱりわからないわけです。

逆に、いかにも楽しめそうな、スポーツ観戦はどうでしょうか？　たとえば優勝がかかったサッカーのリーグ戦の最終戦、だとしましょう。楽しさは一目瞭然《りょうぜん》なようでいて、実は複雑なルールや、両チームの置かれた状況、選手の調子などさまざまな情報を把握《はあく》しないと、その手に汗握る楽しさを味わうことはできません。

楽しむってボーッと何も考えずに生理的に気持ちよくなることだけじゃない。

楽しむとは、状況を把握して意外性を待ち望むこと。楽しみ方がわからないというのは、対象について知らないだけです。

一見、何が楽しいかさっぱりわからないものがあったとしても、何かとっかかりがつかめれば、とたんにもっと知りたくなる。

そう考えると、「楽しむって、実は勉強すること？」ってなりませんか？

どうやら学校で習うことや、試験に向けて詰め込むことだけが勉強、というわけではなさそうです。

スポーツのルールを知ることや、ゲームのキャラクターや漫画の世界を知ることも、間違いなく勉強です。勉強、という言い方はつまらないなら、単に「周りのことを知ればいい」というだけ。

そして、楽しむためのとっかかりとして最もおすすめなのは、その道に詳《くわ》しい人に話を聞くことです。

以前、能楽師の安田登《やすだのぼる》先生＊8に話を聞いたことがありました。

恥《は》ずかしながらぼくは能をまだきちんと鑑賞《かんしょう》したことがなく、どんな風に楽しめばよいものなのか全然わからなかった。でも、安田先生のお話をうかがって、興味の切り口の宝庫だなってことを知ったんですね。

たとえば、戦国時代、諸国大名はこぞって能を嗜《たしな》んでいたそうです。戦争について考えなきゃいけない状況《じょうきょう》で、なぜ彼らはこんなのんきな舞台《ぶたい》に夢中になっていたのか。話を聞いていると、そんなことが気になってきます。

＊8　**安田登**｜1956年生まれ。下掛宝生流（しもがかりほうしょうりゅう）ワキ方能楽師。能ワークショップを行うなど、能文化の普及（ふきゅう）に尽力。近著に『役に立つ古典』（NHK出版）など。

能舞台って、現代劇のように舞台セットが組まれて情景がわかりやすく説明されているわけでもなく、極度に簡略化されています。でも、能舞台の見方がわかっていると、月が出る場面ではそこにありありとした月がどかーんと出てくるように見えるんだそうです。歴史を積み重ねて、人間の生理を分析して作られたシステムなので、見せたいものを見せるメソッドがちゃんと構築されているんですって。それが見えないのは、単に見方を知らないから。

どうでしょう？　そう聞いたら、とたんに能への興味が出てきませんか？

だから、わからないことに出合ったら、人に聞いてみるの、いいですよ！　おや、ここで「知らない人に話しかける」が効いてきました。

そして、知らない人に聞いてみるときに、一番困るのは、「何を聞けばいいんだろう」じゃなかったですか？　ここで、聞いてみたい疑問がはっきりあったら、話しかけるのに必要なのは、あとはもう、勇気だけですよね。

「何これつまんない」と思ったら、だいたい、自分が浅はかなんです。つまらないものは、この世からもう無くなっているはず。誰かが面白い、と思っているから、この世に残っている。だから、面白がっている人に聞いて、とっかかりをつかめたら最高です。面白いと思う瞬間を見つけられたら、そこから全部ひっくり返りますから。あとは好きなように見ればいい。

自分がその魅力《みりょく》をわからないからといって「つまんねw」と切り捨ててしまうことは、自分の無知をさらしていることと同じ。もったいない！

完全な自由はないけど、どの不自由にとらわれるかを選ぶ自由はある

メソッド3で、「自分の人生を悲劇ととらえるか、喜劇ととらえるかは、自分自身で選択できる」という話をしました。

ぼく自身は圧倒的に喜劇であってほしいと思っています。

もちろん毎日が自分の思い通りというわけではありません。常にトラブルは2〜3個

抱《かか》えているし、本番中何が起こるかわからない不安定さの中で毎日を生きています。

それって、楽しいですよーーー！！！！！

なぜか。ここまでの整理の意味も込めて、もう一度、おさらいします。

まずは他人は自分の言うことなんて聞かない、という大前提がある（メソッド3）。逆に、コミュニケーションの基本は常に相手への興味と驚きと考えています（メソッド2）。

面白さの根源にあるのは意外性（メソッド3）。

だとするならば、世界は絶望すべきものではなく、むしろ面白さに満ちている……という結論。何事も、思い通りにはいかないのが当たり前、となったら、不安はありません。予測出来ないこと＝楽しい状態、にできたら、最強。

今のぼくたちには完全な自由なんてないけれど、どの不自由さにとらわれるかを選ぶ権利はある。たとえば、私の平均睡眠《すいみん》時間は4〜5時間程度でして、さすがにときどきもっと寝ていたいと思いますが、そのためには面白そうな仕事を断らなければならなかったり、本や漫画を読む時間、アニメを見る時間、ゲームをやる時間を削《けず》らなければならなくなる。それは嫌《いや》なので、じゃあどっちを選ぶか、なんですよね。

毎日8時間しっかり寝て、ダラダラして、という人生に憧《あこが》れはありますが、睡眠時間はないけど、好きなことを目いっぱい詰《つ》め込んだことをやらせてもらえる今の生活は貴重なので、誘《さそ》われるままに走っています。ただ、それが全員にとっての正解でもないんです。

それは自分で選べるんです。14歳だろうが、44歳だろうが、１００歳だろうが、一緒です。

親から何を言われようが、友だちの目があろうが、今の生活を選んでいるのは自分自身だってことです。自分の人生を喜劇とするか悲劇とするか、どう生きるのか決めるのは、常に自分自身だと思います。

さて、ラジオネーム・エコロ。さんの「やりたいことがみつからない」というお悩み。

それは、「まだ知らない」だけです。好奇心と言ったらかっこ良すぎるなら、疑問を持って突き進んでください。役に立つことでなくていい、むしろ他人が興味を持たないことに興味を持てたら、勝ち。そして、やりたいことは一個でなくてもかまいません。気をつけなければいけないのは、○○になりたい、と「to be」で考えて、周囲からの承認を目指すことと、強制は楽しみを殺してしまう、ということ。自分で見つけたものしか、人間は好きになりません。

今知っていることなんて、まったく絶対じゃない。数年前に存在すらしなかった職業、たとえばYouTuber活動に、情熱を傾けられる人がいるんですからね。私たちには完全な自由はありませんが、どんな不自由にとらわれるのかを、選ぶことはできます。と、以上のことを考えながら、最後は成り行きに任せていいんです。鉄道員だったロックスターもいれば、銀座生まれの冒険家も、この世にはいます。

結論。不安を解消する方法＝知らない人に話しかける

不安を解消する方法。「知らない人に話しかける」が、この本の回答です。知らない人に話しかけられるようになれば、それが、すべてです。

子どもの頃は、純粋に疑問を周囲の人にぶつけることができた。それが、いつのまにかみんなできなくなる。それはごく当たり前のことなのですが、あなたが現状そうなっていたとして、その状態は、目指していましたか？　なぜか、無意識のうちに、そういう人になっていたんじゃないでしょうか。そしてその結果、不安がいつまでも消えない。

私も、大学4年生のときにその由来のわからない自己規制にとらわれて、不安のどん底にいて、アナウンサーになってから、七転八倒《しちてんばっとう》することになりました。でも、あのときに一生分の恥をかいた経験は、本当によかったなと思います。あんなに大変じゃなく

てもよかった気もしますけど！　あそこで強制的に一歩踏《ふ》み出すことになっていなかったら、ぼくはきっと一生コミュニケーションを避《さ》けるタイプのままだったでしょうし、不安な気持ちがいつもなくならない大人になっていたと思います。

何度も繰り返しますが、コミュニケーションは、場数。そして不安を退治するために必要なセルフエスティームも、場数です。山と同じで、早く登りはじめれば、それだけ早く不安を感じることのなくなる高さまでたどり着くことができるはずです。

この本の趣旨《しゅし》に合わせて言えば、14歳は圧倒的なチートチャンスです。14歳の当人からしたら、すごく大変だと思いますが、もし、私が今の脳のまま、身体だけ14歳になったとしたら、めちゃくちゃラッキーです。同じことを大人から聞かれるよりも何倍も丁《てい》寧《ねい》に教えたいと思ってもらえるし、何を知らなくても、恥ずかしくなんかありません。そして何より、やりたくてもできなかった無数の可能性にチャレンジできるんですから！

でもこれ、ホントは大人も同じですけどね。

だから、外に出よう。知らない人にどんどん話しかけよう。失敗なんてこの世にはありません。うまくいかないことを学ぶだけ。恥ずかしかったり、ときには死にたくなるかもしれませんが、その積み重ねの先にあるのは、きっと「超楽しい！」と言える毎日です。

最低限の武器は、この本を読んでくれたあなたの手に、もうあります。

では、いってらっしゃい!!

おわりに

お読みいただいて、ありがとうございました。

この本、言うなれば「ライトビジネス書」です。「ライト自己啓《けい》発《はつ》本」でもいいかもしれません。14歳《さい》の世《よ》渡《わた》り術シリーズは、そういう存在なんでしょうね。本当に大切なことって、平易な言葉や身近な存在を導入したら書けないかというと、決してそんなことはないと信じています。あと、人間の性格って、10歳を過ぎたぐらいから進化しない、という話がやっぱりアドラー心理学の知《ち》恵《え》として言われることがあります。実際に世の中を見回してみると、中学生ぐらいから、モノの考え方が変わっていない人が大半だと思います。私は、いまだにアニメやマンガやアイドルで、心から感動しますしね……！みんな、永遠の14歳なんですよ。このシリーズ、すごくいいコンセプトだと思います。

そして今回、ひとつ強烈《きょうれつ》な私事がありまして、ちょうどこの本を書き終わって出版させてもらう２０２０年の春、一人娘《むすめ》が14歳になります。この本でおわかりになる通り、ぼくはろくに家に居つかない、家族と一緒《いっしょ》にいる時間が短い父親です。この本も、ほとんど自宅では書いていませんから、その分、娘とは過ごしていませんけど、それを許してくれている娘、そしてその母親たる奥《おく》さん、本当にありがとう！　あと、驚《おどろ》くぐらい素晴らしいタイミングで話を持ちかけて下さった河出書房新社の野田実希子さん、編集の斉藤彰子さん、そして吉田ルームの田中嘉人さん、そして本に登場したエピソードを聞かせてくださって、掲載をＯＫしてくれたみなさま、それからデザイナーの高木善彦さん、営業部のみなさん、書店のみなさん、本業の傍《かたわ》ら、本を書くことを寛容に見守ってくれている会社や現場のスタッフなどなど、関わってくださった数限りない方々、本当にありがとうございます！　人に恵《めぐ》まれてるなぁ、私。

　今回、コミュニケーションについて書かせてもらって、つくづく本を書かせて貰《もら》うことは究極のコミュニケーションだな、と思いました。本業のラジオの、生放送の一瞬《いっしゅん》で伝わることに賭《か》けることとはちょうど対照的な、何十年かあとに読んでくれる人がいるかもしれないと信じて突《つ》き詰《つ》めて言葉を選ぶこの行為《こうい》、本当に楽しかったです、没頭《ぼっとう》していました。自分の気持ちに正直でいることという会話のコツは、もちろん文章でも同じ。今回、個人的には会心の「直し」がありました。推敲《すいこう》しているうちに、自分の気持ちにぴったりした言葉が浮《う》かび上がってくる感じ、もやもやしている輪郭《りんかく》を、まるっとなぞれた瞬間が、こんなに気持ちいいとは！　一番気に入ってるフレーズは、「誰《だれ》にも褒《ほ》められないことをやりきったときの謎《なぞ》の誇《ほこ》らしさ」です。

かくまわれている人にちいさな武器を渡《わた》すような気持ちで書きました。

受け取ってもらえたら、これに勝る喜びはありません。

よかったら、今度はあなたの言葉を受け取らせてください。

ツイッターで @yoshidahisanori と書いてくれた言葉は、全部読んでますからね。

ではまた、どこかで！

2020年3月1日　吉田尚記

著者紹介

吉田尚記（よしだ・ひさのり）

1975年、東京都生まれ。慶應義塾大学文学部卒業。ニッポン放送アナウンサー。『ミューコミプラス』（ニッポン放送）をはじめとするラジオ番組でのパーソナリティのほか、テレビ番組やイベントでの司会進行など幅広く活躍。また漫画、アニメ、アイドル、デジタル関係に精通し、「マンガ大賞」発起人となるなど、アナウンサーの枠にとらわれず活動を続けている。2012年に第49回ギャラクシー賞DJパーソナリティ賞受賞。著書に『なぜ、この人と話をすると楽になるのか』、『没頭力「なんかつまらない」を解決する技術』（ともに太田出版）など。

14歳の世渡り術

あなたの不安を解消する方法がここに書いてあります。

2020年4月20日　初版印刷
2020年4月30日　初版発行

著　者　吉田尚記

装画　PALOW
構成　田中嘉人
編集　斉藤彰子（株式会社KWC）
ブックデザイン　高木善彦（SLOW-LIGHT）

発行者　小野寺優
発行所　株式会社河出書房新社
〒151-0051　東京都渋谷区千駄ヶ谷2-32-2
電話　(03) 3404-1201（営業）／(03) 3404-8611（編集）
http://www.kawade.co.jp/

印刷　凸版印刷株式会社
製本　加藤製本株式会社

Printed in Japan
ISBN978-4-309-61722-0

よのなかを変える技術
14歳からのソーシャルデザイン入門
今一生

君の絶望はよのなかを変える希望だ——この世界では必ず誰か困ってる。それは彼らが「よのなかの仕組み」から外れているから。困難を解決するための、一番やさしいソーシャルデザイン入門。

宇宙を仕事にしよう!
村沢譲

宇宙にかかわる仕事って、宇宙飛行士以外に何があるの? 専門的な学校に通わないと入れないの? 宇宙を夢見る人たちの疑問に、先輩たちが自身の経験をもとにリアルに答えます。

戦後日本史の考え方・学び方
歴史って何だろう?
成田龍一

占領、55年体制、高度経済成長、バブル、沖縄や在日コリアンから見た戦後、そして今——これだけは知っておきたい重要ポイントを熱血レクチャー。未来を生きる人のための新しい歴史入門。

生命の始まりを探して僕は生物学者になった
長沼毅

深海、砂漠、北極&南極、地底、そして宇宙へ……"生物学界のインディ・ジョーンズ"こと長沼センセイが、極限環境で出会ったフシギな生物の姿を通して「生命とは何か?」に迫る!

聞く力、話す力
インタビュー術入門
松原耕二

沢尻エリカ、玉三郎、カストロ議長……千人以上にインタビューしてきた名キャスターが教える、相手の心をひらく魔法のコツ。14歳からマスコミ志望者まで誰でもわかる聞き方・話し方の全て。

14歳からわかる生命倫理
雨宮処凛

尊厳死、出生前診断、代理出産、臓器移植、デザイナーベビー……進歩し続ける医療を前に「命の格差」が広がっています。誰もが向き合うことになる「命」を巡る問題をイチから読み解く。

ロボットとの付き合い方、おしえます。
瀬名秀明

ロボットは現実と空想の世界が螺旋階段のように共に発展を遂げた、科学技術分野でも珍しい存在。宇宙探査から介護の現場、認知発達ロボティクス……ロボットを知り、人間の未来を考える一冊。

大人になって困らない語彙力の鍛えかた
今野真二

語彙力は暗記では身につきません! 大人になってからあわてて勉強しなくてもすむように。楽しく、ゆかい、だけど本格的。場面に応じた言葉をすっとひきだせる、一生役立つ方法を授けよう。

14歳からの宇宙論
佐藤勝彦

宇宙はいつ、どのように始まったのか? この先は? もう一つ別の宇宙がある? ……最先端の科学によって次々と明らかにされた宇宙の姿を、世界をリードする物理学者がやさしく紐解く。

はじめての聖書
橋爪大三郎

羊、クリスマス、十字架から、ノア、モーセ、イエス、罪、愛、最後の審判……聖書の重要ポイントをきわめて平易に説き直す。若い人びとへ送る、ほんものの聖書を読むための「予告編」。

14歳からの戦争のリアル
雨宮処凛

実際、戦争へ行くってどういうことなの? 第二次大戦経験者、イラク帰還兵、戦場ボランティア、紛争解決人、韓国兵役拒否亡命者、元自衛隊員、出稼ぎ労働経験者にきく、戦争のリアル。

14歳からわかる生活保護
雨宮処凛

命にかかわる大切な制度なのに、偏見と誤解の中でバッシングされている生活保護。生活保護を貰うことは決して恥ずかしいことではありません。正しい知識をイチから学ぶ「生活保護」入門。